索·恩

THORN BIRD

忘 掉 地 平 线

Title of the original German edition:
Author: Rüdiger Safranski
Title: Zeit: Was sie mit uns macht und was wir aus ihr machen
© Carl Hanser Verlag München 2015
Chinese language edition arranged through HERCULES Business & Culture GmbH, Germany

Simplified Chinese translation copyright©2018
by Social Sciences Academic Press

ALL RIGHTS RESERVED

*by Rüdiger Safranski*

它对我们做什么和

WAS SIE MIT UNS MACHT
UND WAS WIR AUS IHR MACHEN

我们用它做什么

# 时间 Zeit

[德] 吕迪格尔·萨弗兰斯基 著

卫茂平 译

社会科学文献出版社
SOCIAL SCIENCES ACADEMIC PRESS (CHINA)

图书策划人　视觉设计师

联合创立

献给汉斯－彼得·黑姆佩尔

……我们是一场对话……

**萨弗兰斯基论生命中的时间问题（代译序）/ *001***

**前 言 / *013***

**第一章　无聊的时间 / *019***

　　论能够无聊的好处。事件流逝，时间来到。线性时间的难以容忍。等待。戈多。文化作为消磨时间。一幅薄薄的事件帷幕让人窥见时间的虚无。形而上学的耳鸣。对无聊的浪漫主义探究。无聊之剧的三幕。倘若什么都不行，得自己上路。自由和开端。到其时。

**第二章　开端的时间 / *043***

　　开端的兴趣。文学中的著名开创者，从卡夫卡到弗里施和兰波。施韦特／施奈德事件。开端、自由和限定。初访奥古斯丁：程序化的歌曲。开放和闭锁的时间。现代繁殖业中的困难的开端。从自身开始和过度操劳。汉娜·阿伦特出生率的哲学。对于大有希望的开端的机会。

**第三章　操心的时间 / *065***

　　操心——可体验时间的执勤器官。操心渡河。海德格尔的操心：坠入世界和躲避死亡。操心作为可能性意识。问题：在操心中保持原样。再次发现一个"最幸福的民族"。缺乏将来意识，无操心。风险社会中现代化的操心。古老的操心的回归。

## 第四章 社会化的时间 / *087*

钟表测量什么?有规律的运动过程测量无规律的运动过程。钟表作为社会的机构。金钱的时间节奏。时间学科。奇妙的准时性。鲁滨孙的日历。同时性。实时交际。普鲁斯特的电话和来自亡灵之国的声音。扩展的同时性带来的问题。对当下的重新估值和保存下的以往。

## 第五章 管理的时间 / *107*

受制于时间计划。倘若时间紧迫,救世史的、历史的和资本主义的。负债和信贷。金融经济的时间。加速。不同的速度。极速的静止。铁路。当下对剩余时间的攻击。浪漫主义的批评:飞速的时间转轮。

## 第六章 生命时间和世界时间 / *131*

有限的生命时间,无限的世界时间。循环的时间纾解张力。基督教的针对世界时间的进攻。时间的虚无性。第二次拜访奥古斯丁。时间张力,而非时间点。时间体验的一个小小的现象学。缺乏当下的以往。真实的和想象的时间。荒谬和世界时间的实现:唯物主义的,基督教的,进步的和进化的。

## 第七章 宇宙时间 / *153*

时间开端。开端的独特性。物理学的转世论。贝特朗·罗素的文化筏子和伟大的宇宙之夜。爱因斯坦的相对论。并非一切都是相对的,但我们并非都生活在同一时间里。同时性的谜团。空间时间。克服人和时间之间的二元论。爱因斯坦的宇宙虔诚。崇高。

## 第八章　原　时　/ 173

身体的原时和身体节奏。捍卫原时作为政治任务。在原时的迷宫里。现实在其中消失。原时分解身份。每个人都是最后一个证人。"那片云彩仅绽放几分钟。"鸟学的上帝证明。萨特的虚无和时间。时间体验的第二个小小的现象学。我们为何显然迟到。突如其来。

## 第九章　与时间的游戏　/ 197

借助语言和文字的游戏空间。时间段的发现和叙述的诞生。《卡施的灭亡》，一则非洲神话。叙述作为存活手段。文学的时间模式的一个小小的类型学，从奥德赛到巴尔扎克，从俄狄浦斯到侦探小说。生命谎言的母题。哈姆雷特的行动障碍。叙事的和戏剧的时间处理。图像的时间。拉奥孔为何不喊叫？突然性。照相术和真理。一个女人渡河。齐眉高的雪橇。芝诺的悖论。普鲁斯特不由自主的回忆图像。永恒的瞬间。音乐。

## 第十章　被充实的时间和永恒　/ 223

柏拉图的永恒和对于持留之当下的日常体验。忘却时间的投入。宗教和世俗的神秘。审美的伟大瞬间。尼采。霍夫曼斯塔尔，普鲁斯特和阿多诺。追求不朽。延长生命期限。灵魂不死？苏格拉底之死的原始场景。无法不想思想。基督教的复活信仰。更高级的自私自利？放手及其问题。

## 参考文献　/ 247

## 引　文　/ 257

## 萨弗兰斯基论生命中的时间问题（代译序）

何为时间？一个著名答案来自奥古斯丁。那是他《忏悔录》第十一卷中所言的"时间究竟是什么？没人问我，我倒清楚，有人问我，我想说明，便茫然不解"。意即无法作答。

心有不甘，我找来手头已有的几本相关图书。一是《论"时间"：生活哲学的要素》[1]。作者为当代法国汉学家和哲学家，他认为时间是"人们最习以为常，却也最为

---

1 /〔法〕朱利安：《论"时间"：生活哲学的要素》，张君懿译，北京大学出版社，2016。

奇特的概念"，属"生命""本质的事物"。[1] 按本质无法言说论，这里也没有答案。这本书用了大量篇幅比较论述中西时间概念，同时这也是它的主要特点。它们隶属不同的文化传统，特别是源自截然不同的语言系统，工作之难，可以想象。全书阅毕，我禁不住想到一句德语，"Jetzt bin ich so klug wie zuvor"。直译是"现在我和以前一样聪明"，或"现在我还是没弄懂"。

二是《加速——现代社会中时间结构的改变》[2]。作者是德国社会学教授，研究的是社会学视角中的时间问题，既有理论探讨，也有实践论证。其中有关时间加速导致空间压缩过程的论述令人难忘。早在1848年时已有德国人写下《蒸汽过剩和时间过剩》，[3] 它同样令孤陋的我大开眼界。

三是霍金的《时间简史》[4]。他在书中引述康德关于时间的正反命题。正命题是：如果宇宙没有一个开端，则

---

[1] 〔法〕朱利安:《论"时间"：生活哲学的要素》，张君懿译，北京大学出版社，2016，第1页。
[2] 〔德〕哈尔特穆特·罗萨:《加速——现代社会中时间结构的改变》，董璐译，北京大学出版社，2015。
[3] 〔德〕哈尔特穆特·罗萨:《加速——现代社会中时间结构的改变》，董璐译，北京大学出版社，2015，第155页。
[4] 〔英〕史蒂芬·霍金:《时间简史》，许明贤、吴忠超译，湖南科学技术出版社，2004。

任何事件之前必须有无限的时间。反命题是：如果宇宙有一开端，在它之前必有无限的时间，为何宇宙必须在某一特定的时刻开始呢？也就是不管世界或宇宙如何，时间均可无限地倒溯。结论是：询问宇宙开端之前的时间，没有意义。换言之："关于它（时间）有无开端的问题，实在是一个形而上学或神学的问题。"[1]问题一旦被归入"形而上学"或"神学"，那也只能被束之高阁。这本《时间简史》探讨的其实是宇宙学问题。有人若想在此寻找有关"时间"的具体答案，同样会扫兴而归。

作为德国当代的著名哲学家，萨弗兰斯基应该了解历来有关"时间"的著作，也知道难点所在，他将如何处置这个题目呢？

紧接前述奥古斯丁关于时间的言论，萨弗兰斯基直接进入钟表所测的时间范畴。这样的话，时间不是别的什么，而是"对于事件之可测的持续"。倘若在某一段时间里无事发生，那会怎样？这会让人感到无聊，尤其是无聊深处的虚空。而人就本质来说，在无法忍受无聊的时间时，就会想方设法打发无聊。而本书首章的中心词就是"无聊"。因为在本书作者看来，人"体验时间之

---

[1] ／〔英〕史蒂芬·霍金：《时间简史》，许明贤、吴忠超译，湖南科学技术出版社，2004，第8页。

迷宫的道路，始于无聊"。亦即体验或思考"无聊"是认识时间的入门作业。此外，作者不仅提及"能够无聊的好处"，而且探究克尔凯郭尔关于无聊是"一切罪恶的根源"的观点。其结论是，"人是一个必须得到娱乐的生灵"，以免坠入"空洞的时间"。

今天很难断言无聊始于何时。因为在远古时期，由于生产力水平低下，普通人在生存斗争之外，似无时间"无聊"。无聊应该产生于时间的"多余"或"富裕"。因为最初显然只有那些大人物或富翁会感到"无聊"，因而"无聊只是对富人的伟大的惩罚"。随着技术的发展，整个社会"加速"带来的时间富裕几乎波及全体人类，从而导致"整个工业被号召，以便世人不无聊致死"。为了打发时间，不仅货物会被生产，被生产的还有旅行、电影、电视，尤其是互联网。记得有段时间，我对"旅游产品"这样的词语总感别扭。因为传统意义上的"产品"一般与满足日常消费的、由工厂生产的产品有关。至此，我恍然大悟，此说并非偶然。旅游节目虽非出自传统的生产车间，因它同样满足了消费需求，尤其迎合了消遣欲望，顺理成章地成了"产品"。本书第一章的内容大体如此。

打破无聊的行动必须有一个开端。本书第二章讲的是"开端的时间"。这种开端，可以涉及政治意义上的革命、日常生活中的爱情、阅读、旅行、身份改变、遗弃往事等。但是，这种开端源于自由意志，有着时间开放的特性，抑或受制于各种社会准则以及心理学、遗传学或生理学的必然控制，因而又有着时间闭锁的特性。本书作者在此言及基因技术对人的控制和操弄，似从时间范畴转入现代性批判。他还引述康德的一个"奇谈怪论"。康德曾在《道德形而上学》中说，人的开端是父母的一个"恶行"，因为这个行为将一个人"未经其同意就置于世上，并且专横地把他带入世界"，因此新生儿的第一声哭叫是愤怒的表达。由此而言，人类天生就没有开端的自由，开端的时间即是闭锁的时间；但是，人类确实又拥有各种开端的自由，甚至改变自我身份的自由。这表明时间同时具有两种特征。它"将伟大的机会提供给人，不再依旧是其以往的牺牲品"。各种新的开端是足以使人振奋的时间的新的瞬间。

开端的时间让人感到面对将来的无限希望。不过，这种将来，始终充满着各种不定。而人类尚无能力彻底把握这种不确定的未来时间，故而"操心"登上舞台。"操心是我们时间体验的一个执勤器官。所有生命领域受此掌握。"操心让人在生命中忧心忡忡，但同时"使人勤奋和让人进入工作状态。从此刻起他始终有事可干"。一个人只要活着，就永远无法结束操心。作者在以操心为主题的第三章"操心的时间"中，不仅论述了"属于全球风险和属于操心之现实文化的"恐怖主义，还重点讨论了现代社会造成操心的另一个新的缘由——风险。有道路交通的风险，有环境损害的风险，有诸如切尔诺贝利核电站事故的风险。由此还产生了各类与风险事件打交道的机构与社会行为，诸如保险公司，诸如预防风险的各类体检和检查。这本以"时间"为题的著作由此再次涉入社会政治批判领域。

本书第四章是"社会化的时间"。让我们无聊和操心的时间究竟是什么？作者在此给出一个具体的、可以把握的定义："时间就是钟表测量的东西。"作者不仅追述钟表时间的特殊历史，更突出了其社会化的本质，钟表"是一种人类之网的协调及组织的社会事实"，而格林尼治时间的确立，完成了时间的真正社会化。作者在本章中巧妙地援引笛福的《鲁滨孙漂流记》以说明时间的社会化本质。小说主人公漂流到一个孤岛上，最初采取的一项措施竟然是制作一本日历，以便替自己保留与文明世界吻合的时间秩序。稍稍有些令人意外的是，本书作者在此章中里也花了一些篇幅探讨金钱，因为它也是一种社会的结构，而且与时间有关。因为在一个人所拥有的、可在将来使用的金钱中，含有对已做工作或已用金钱所换货物的某种量值。这也意味着："金钱从两方面打开时间视野，返回以往和面对将来。借助完全是当下的金钱，一种以往被与一种将来一同结算。"

美国人富兰克林的名句恐怕人人熟悉——时间就是金钱。就此而言，社会化的时间也是"管理的时间"，这是本书第五章的主题，主要讲的是时间如何被用来做生意，时间如何成为金钱。在现代社会中，作为金钱的时间经常处于紧缺状态。"时间自身不可能变得紧缺，它仅在与某种打算的关系中变得紧缺。"为了解决时间紧缺的问题,人们致力于加速。此处,机器的加速、通信媒介的加速已是现代社会司空见惯的现象。但事实情况是,"我们省下越多的时间,我们所拥有的时间越少",[1]因为在社会的时间管理下,"当下对剩余时间的攻击"会愈演愈烈。人类已被紧紧绑在那个越转越快的时间巨轮上。结果是:"谁脱离工作过程的这个快速旋转,谁就脱离世界。"本书作者的结论依旧具有强烈的时代批判性,"时间被政治化。伴随着加速,更多的将来被消耗,而以往也更快地被贬值。当下携带着它的垃圾对将来造成负担,消耗在几百万年中形成的自然资源:当下对剩余时间的攻击"。经过作者的提醒,人类管理时间的这些后果变得更加触目惊心。

第六章以"生命时间和世界时间"为主题,转向人类自身以及人类与世界的关系。人是一种能从外部打量自身的古怪生灵。亦即作为瞬间的生灵,人既能窥视自己,也能观察世界。生命的时间是有限的,那么世界的时间呢?倘若它是无限的,有限的生命时间该如何与无限的世界时间相处?在这一章里,作者依然不断对时间的本质进行提问。"时间现在是这个当下的现在,或者它是它去消失的那个地方?这样的话,时间就不是一种存

---

1 /〔德〕米切尔·恩德:《毛毛》,转引自《加速——现代社会中时间结构的改变》,北京大学出版社,2015,第22页。

在，而是一种消失。"引起我特别注意的还有这样一句话："人们在空间里可以往前、向后以及朝着所有方向行进，但在时间里不行。它已被校准，它不可逆转。不存在返回。"这句论述与我翻译本书期间看到的两位当代作家的议论几近一致。[1] 不过，这种时空的超越只在想象和文学创作中是种可能。这是人类的一种特权。

第七章"宇宙时间"显然是对第六章"世界时间"的扩展。对古时而言，宇宙和时间没有开端。但在基督教信仰中，宇宙是一种创造，作为创造就有开端，时间伴随而至。随着20世纪爱因斯坦理论的建立，时间和空间越来越被放在一起讨论，已成为宇宙学的重要课题。霍金的《时间简史》就属于这一传统。而非常有代表性的则是德国哲学家莱布尼茨的观点。在他看来，倘若"哪里没有对象，哪里就没有空间；哪里没有事件，哪里也没有时间"。简而言之，他将时间定义为事件的一种特性。但伴随着爱因斯坦的相对论，时间之谜非但未解，反而变得更大。因此，作者这一章中对哲学层面上时间

---

1 / "空间隔离容易打破，时间隔离没法克服；游子容易回乡，老人没法回童年，除非有一天能打通时光隧道。"流沙河：《晚窗偷得读书灯》，新星出版社，2015，第105~106页。"我越来越清楚地感到，隔绝我们的是时间。如果隔着空间……彼此间总还是在一个更大的空间之内；但隔着时间，真的就是不可企及的了。"止庵：《惜别》，上海人民出版社，2014，第242页。

的多方讨论，颇启心智。

所谓莱布尼茨的时间观，在本书作者看来，较为接近爱因斯坦相对论所称的原时（Eigenzeit）。而第八章的标题正是"原时"，但在本书中，它首先与人体节奏有关。这种节奏常常独立于人的意识，有生理学的含义。作者在本章中有这样一条论断："谁顽固地针对身体的原时生活，寿命不长。"可见，这里涉及生命艺术。它要求人让自己的积极工作与自己的身体事件，即原时，同步化。因为时间的管理往往不取决于个人，在加速的社会发展不断打破个人原时的情况下，保护每个人的原时，就成了政治问题。遗憾的是，在作者看来，"政界尚未确实地领会这一点"。[1] 需要补充的是，原时本身也充满变化，具有非延续性。由于时间的分离力量，每个人对自己来说并非始终是同一个人，这又引出与时间有关的生理和心理学的其他问题。

第九章主要讲"与时间的游戏"。人人处于时间控制之下，不管是个人的原时还是社会的时间。为了能做时间的主人，人类发明了各种游戏。"在同时间的游戏中，我们赢得一种有限的自主性。"这是作者的一句精

---

[1] / 不管这个判断对于政界是否恰当，在译者看来，电影界至少已切入此题。金砖国家导演合作的《时间去哪儿了》已在 2017 年 10 月 19 日于全国公映。可见，关切"加速"所带来的问题是人类的共同情怀。

辟之言。游戏涉及文学，亦可旁及艺术的各种门类。尤其在现代，当文本、图像和声音的技术均可以复制的时候，与时间的游戏更加丰富多彩。但作者提醒我们："生命自身没有重放键。"个人生命只有一次，游戏中的时间依旧逝而不返。作者似乎在提醒人类，珍惜有限的生命时间。

与时间游戏，其实是充实时间。而在被充实的、集聚在当下的充盈的时间里，在沉湎于幸福、持留于专注的"有魔力的瞬间"中，人们感到自己超越时间，达至永恒。第十章顺着这种理论脉络谈及"被充实的时间和永恒"。倘若这种永恒更是一种具有审美意义或宗教意义的超验，那么为了延长生命或者能够不死，达到某种程度的"永恒"自古以来也是人类的一种本能追求。柏拉图在精神的自我体验中，形成自己摆脱时间的不朽理论；尼采永恒轮回的顿悟，也给予他无限的生命能量。但是不管怎样，每个人生命时间的终结，始终犹如一只怪兽，在窥视着每一个生命，时常让人胆战心惊。

总之，萨弗兰斯基在此书中没有过多地纠缠于"时间"的概念定义，而专注于副标题涉及的主题："它（时间）对我们做什么和我们用它做什么。"他有条不紊地阐释人类实际生活中的许多时间问题，并多角度地描绘流逝和坚持之间的张力，最后提醒我们："注意对待这个宝贵的财富，以便不仅时间会对我们做什么，而且我们也会用它做些什么。"遍及本书各章的、与时间有关的社会性批判闪烁着锋芒，与本文开头提及的几本有关"时间"的著作相较，本书的可读性更强，更接近每个人的日常生活，尤其会引发对个人生命以及当下社会发展的众多思考。无怪乎有人称萨弗兰斯基为"德国最著名的敏锐的思想家（Deutschlands bekanntester Scharfdenker）"。

以上对萨弗兰斯基的赞誉，出自我2015年10月25日在德国海德堡的一则电视笔记。那是个周日上午，德国电视卫星三台（3SAT）照例播放一档名叫《哲学星空》（Sternstunde Philosophie）的节目。被采访人即为萨弗兰斯基，访谈主题就是这本《时间》。"德国最著名的敏锐的思想家"是当时那位资深节目主持人对本书作者的赞语。就在这场访谈前后，我曾获国内一家出版社来函，表示已购买此书版权并有让我翻译的意向，并嘱我译出目录寄返。可惜回国之后，此事没有后续，被逐渐淡忘。直到2017年4月，接社会科学文献出版社段其刚先生信函，信中表明出版社已购此书版权，想请我翻译。我既觉意外，又感高兴。意外的是，近来虽见过社会科学文献出版社出版的多本德国好书，但与其编辑素不相识；高兴的是，曾有意移译的这本德文书，再次现身。虽然当时因主持另一大型翻译项目，本已无意再接新译。但这本曾失之交臂的新书"诱惑"太大，再次与之相遇，让人有"宿命"之感。我便未多考虑，接受稿约，以了夙愿。

谨借以上赘言，结束这篇序文，也对段先生的约稿和信任，衷心致谢！

卫茂平

2017 年 12 月 30 日于上海

附言：

《时间》译稿 2017 年年末按时交付，2018 年春节之前已收到编辑意见。工作如此快捷，实为译者历年未遇，谨致敬意。恰好手头另有急事，我的博士研究生别克兵欣然施以援手，帮助答疑纠错，也借序尾称谢。

卫茂平

2018 年 2 月 26 日于上海

## 前　言

时间，这是个特别的东西。倘若就这么胡乱活着，它纯粹什么都不是。但猛然间人们发觉，除了时间，别无其他：它围绕我们而在，而且还在我们心中。霍夫曼斯塔尔《玫瑰骑士》中的元帅夫人如是说。[1]

要是人就这么胡乱活着，时间就不仅仅纯粹什么都不是。更奇特的是，即使赋予它集聚的注意力，它看上

---

1 / Hugo von Hofmannsthal（1874~1929），奥地利诗人，剧作家。《玫瑰骑士》是他的歌剧剧本。（本书脚注均为译者注，除特殊情况外，不再说明。）

去也纯粹什么都不是。只需注意时间那独特的流逝，人人可以对此验证。刚才还是当下，即刻已不再是，而将来者尚未是。时间的作用是，我们居住在当下的一条窄带上，两边受一种"不存在（Nicht-Sein）"的包围：以往的"不再（Nicht-Mehr）"和将来的"尚未（Noch-Nicht）"。人们可以对此感到惊讶，感到不安。无论如何，圣奥古斯丁曾陷入对这种由时间携带的双重的"不存在（Nichtsein）"的苦思冥想，并在著名的《忏悔录》的第十一卷中写道：时间究竟是什么？没人问我，我倒清楚，有人问我，我想说明，便茫然不解。

倘若时间正是钟表所测，那么人们可以快速回答对于时间的提问。它不是别的什么，仅是对于事件可测的持续。但有种印象会不由自主地出现，即"钟表所测"之说根本没触及时间之独特的重要性。所以我另辟蹊径，沿时间影响力的痕迹接近时间，亦即我描述它会对我们做什么和我们会用它做什么。

第一章：横穿我们体验时间迷宫的道路，始于无聊，因为除此之外，当时间不愿流逝停顿不前时，时间没在其他任何地方变得如此引人瞩目。这样的时间流逝会突显自身，一旦它仅稀疏地被事件遮蔽。这种直接令人痛苦地被感知的、似为空洞的时间，一直以来对文学和哲学提出挑战，因为有理由这样猜测，要想特别好地认识人到底出了什么事，得在什么事也没发生的时刻。

第二章：倘若时间有凝固的危险，倘若没有什么处于运动，只有突破能给予帮助，即启动一种新开端的尝试，将一种以往甩在身后。每种新开端所内含的魅力在于，停顿的时间进入运动，它变得大有希望，它吸引某人。当然此刻也会存有问题，会发生挤压、毁灭以至所有类型的肆无忌惮。不过尽管如此：时间仍将伟大的机会提供给人，不再是以往的牺牲品，而将以往抛到身后。起初，别人开始某事，现在人们自己启动某事。这是开端的使人振奋的时间。新手宣称，我不再只是我，我也是一个他人。

第三章：开端的时间指向将来，而且信心满满。不过，对于将来的指向，人们通常充满忧虑，而且以其所有的形式——从关心到预先关心。因为我们不但活在时间里，而且能意识到时间，也就无法避免将来那一条完整的地平线在我们面前开启，我们关心且预先关心地与此建立联系。操心是我们时间体验的一个执勤器官。所有生命领域受此掌握，因为我们连同我们的作为和存在，已被丢弃给时间的流逝。操心将人分成个体，但也将人挤压入社会的集体，而后者在现代条件下，将自身理解为风险社会。

第四章：时间被社会化。此刻开始时钟的统治。时钟不是别的什么，而是一种社会的机构。伴随着有规律的、世人对此社会地已取得一致的事件——从太阳能钟一直到原子钟——无规律事件的持续时间被测量。社会中发生的事件在时间上被连成网络。在机器时代,时钟成为统治工具,伴随着铁路,产生了时间进程的超地区的协调要求。现代技术最终促成一种实时的空间远点间的交流。由此,关于全球同时性(Gleichzeitigkeit)的经历也成为可能。这在人类历史中尚无前例,而这也是一种扣人心弦的挑战,也许甚至是对至今人类的一种过分要求。我们很可能身处一种文化突变的中心。

第五章:社会化的时间也是被管理的时间。时间被用于生意。时间成为金钱。社会化的和经济的活动以一种巨大的规模加速。在社会中形成带有不同速度的地区,比如财政管理比民主化快,因为对于后者的决议,人们往往需要更多时间。政治的权力斗争逐渐显现,针对的问题是:谁决定速度。时间被政治化。伴随着加速,更多的将来被消耗,而以往也更快地被贬值。当下携带着它的垃圾对将来造成负担,消耗在几百万年中形成的自然资源:当下对剩余时间的攻击。

第六章:即使有人时常想到,世人似乎完全被锁入社会化的和被管理的时间,这个领域还不是一切。我们极目远眺一种世界时间,它远超我们个人的生命期限,也无限地远超整个社会和全部文化的生命期。一直有着这样的尝试,将生命时间和世界时间整合入一种有意义的关系。自然的循环,宇宙的世界年龄,基督教的圣灵史(Heilsgeschichte),超越年代的进步观念,最后还有作为一种较高级别发展史的进化——它们有助于定位,以便从巨大的时空中去除荒谬,并用某些意义充填时空。

第七章:但这越来越困难,一旦我们真的同宇宙时间(Weltraumzeit)打交道。伴随着爱因斯坦[1]的相对论,时间之谜变得更大。虽然并非一切都是相对的,但并非一切都在同一时间内存在。自然科学认识到时间不是绝对的值。它可能有开端和结尾,犹如一切其他事物,也许它完全只是一种表面现象。不过,就在关于时间的所谓幻想特征的理论被发展的时刻,时间也在消逝。

第八章:从宇宙空间(Weltraum)返回,进入身体及其节奏的原时:遭遇自己肉身可体验的时间。但属于原时的还有意识的内在时间。在对于时间流逝之意识到的经历中,发生了进入非真实者的真实之深奥莫测的转变。倘若不再存有其物质的痕迹,以往处在哪里?难道意识是随后唯一的保存地?倘若遗忘开始,以往也从意识里消失,难道这种以往似乎就从未有过?这不仅对整体,而且也对个别有效。每个人对于随他一起不可挽回地消失的东西来说,是最后的证人。现代的储存媒介在此也无济于事,因为它们保存外在痕迹而非内在状态。时间意识发现了消失的复仇女神。我们仅仅能够承受这

---

1 / Albert Einstein(1879~1955),物理学家,生于德国,1940 年加入美国国籍。

点,因为新的现实挤上我们意识的舞台,即使每种印象不顾一切的同时性,也总是稍稍迟到地进入意识。

第九章:我们不可挽回地身处时间统治之下。我们至少还能够与它游戏,这已不错。我们能够于叙述状态在时间中前后运动。这也许完全是文学魅力的秘密。我们游戏般地掌控时间,平时则受其统治。在同时间的游戏中,我们赢得一种有限的自主性,在文学中,同样也在图像世界和音乐里。在文本、图像和声音的技术可复制的年代里,与时间的游戏再次发生转变。但依旧保持的是:生命自身没有重放键。

第十章:与时间的游戏同充实的时间有关,而这种充实的时间可被视为对人们而言称为永恒的预先品尝。永恒不是无穷尽的时间,而是某种与时间不同的东西。永恒是人类的一种渴望图像,犹如不死,或者犹如一种对于肉体及灵魂复活的基督教信仰。一切互相迥异的表象与也许无法消除的矛盾紧密相连。所以人们可从外部看见自身,了解自己的死亡;但人们无法不考虑从内部撇开自己。人们根本无法设想自己的"不存在"——一些东西从中产生。

# 第一章　无聊的时间

论能够无聊的好处。事件流逝，时间来到。线性时间的难以容忍。等待。戈多。文化作为消磨时间。一幅薄薄的事件帷幕让人窥见时间的虚无。形而上学的耳鸣。对无聊的浪漫主义探究。无聊之剧的三幕。倘若什么都不行，得自己上路。自由和开端。到其时。

与动物不同，人是一种会感到无聊的生灵。即使生活所需已备，总是还有富余的关注力，倘若他找不到合适的事件和活动，会指向时间流逝本身。平时紧密织就的事件地毯，本是用来为感知掩盖时间的流逝，会变得稀松露线，为窥见一种所谓空洞的时间开放了视线。与纯粹的时间流逝进行的折磨人的约会，我们称为无聊。

无聊让我们体验时间流逝的一个可怕方面，不过以佯谬的方式：因为在无聊中时间恰好不想流逝，它停顿，它让人难以忍受地延长自己。阿图尔·叔本华[1]说，我们在无聊中，而非在消遣中体验时间。倘若人们愿意这样理解，什么是时间，首先最好不请教于物理学，而请教关于无聊的经验。

无聊，威廉·詹姆斯[2]这样描绘这个状态，会这样出现，倘若我们基于某个时段中内容的相对空洞，注意到时间自身的流逝。

一种真正无事的时间根本不存在；总会发生些什么事。没有事件根本就没有时间，因为时间是事件的持续，所以严格地说来，它根本不会空洞。倘若缺乏一种生动的兴趣与事件相连，对于空洞的感知方才出现。原因可能源于主体，或者客体，大多在于两者。涉及主体，它可能没有生气，经历贫乏。它感知太少，由此会很快感到无聊。当然也不能过于没有生机，否则它根本无法发觉自己缺少什么。它只会发愣。也就是说，人们还是需要最小量的开诚，好奇和经历准备（Erlebnisbereitschaft），以便能够无聊。

涉及无聊时的客体，情况可能会这样，所遇现实确实显示供应太少，魅力太小，比如面对机械过程时的单调。起先的无限魅力会由于例行程序和习惯而丢失。曾

---

1 / Arthur Schopenhauer（1788~1860），德国哲学家。
2 / William James（1842~1910），美国哲学家。

经的消遣会变成无聊。歌德有言，*外部事物之有规律的重返，其实是生命那可爱的建议*，这由可靠及惬意的感觉促成。但也可能发生这样的事，习惯那如此的惬意突变为无聊，而后者能上升至疲惫的绝望。歌德曾说，*据说有个英国人，他自己上吊自杀，为的是不再每天脱衣和穿衣。*

一个充满幻想和被唤醒的人，倘若外部魅力消退或缺乏，是能以内在事件——回忆、思想、幻想——在一段时间里设法应急，但不能太久，不然时间对他来说会太长，最后他也会觉得无聊。

叔本华把对于无聊的敏感与生命的阶段相联。在青年时代，他解释说，人们带着一种善于接受的意识生活，而这种意识总是受到对象之新颖的激励。世界显示为繁茂，充满各种印象。所以白天是不可测度的漫长，而不无聊，数天和多周就成为半个永恒。一个成年人仅在特殊情况下意识到这一点，在沉醉于工作中或者身在旅途上。反之，年龄越大，时间流逝越快。托马斯·曼[1]的《魔山》中有这样的话，*倘若一天如同其他所有的日子，所有人就如同一个人；在全然的单调中，最长的生命被经历为完全短暂。*当然，这样倏忽而过的生命仅在回顾

---

1 / Thomas Mann（1875~1955），德国作家。

中才会显现,而在瞬间里生命会让人感到无聊,这恰恰由于其易逝性。它让人空荡荡地留下。

在事件被梳理的范围中,时间变得醒目。它似乎走出隐藏地,因为对我们通常的感知来说,时间藏身于事件之后,永远不会被如此直接和缠磨人地经历。帷幕上有条缝隙,后面时间在打哈欠。瞥向时钟的目光会加强这种无聊,因为由有规律的节拍或者指针运动所标注的时间持续,被感觉到更加枯燥无味,几乎无法忍受,之所以如此,在一个普通空牢房中的持续滴水也会被视为在使用刑罚。在失眠中人们就已认识空洞的时间的折磨。E.M.西奥朗[1],这个现代哲学的著名失眠者写下自己的经验:*清晨三点。我觉察到这一秒,然后是那一秒,我给每分钟作结算。一切为何?——因为我被出生。*从特殊类型的不眠之夜中产生出对诞生的提问。

内在或外在事件逐渐消失,但这对于体验无聊还不够。与此对照,还得有一种内在的烦躁不安继续作用,一种人们感觉到的、尚未充满身心的微弱渴望。属于无聊的有,人们无法沉浸入某事并完全委身于眼下,相反总是已经超越某个时刻,体验到一种时间的延伸,但不是将其当作某种解放和振奋,而是当作某种折磨。前景

---

1 / E.M.Cioran(1911~1995),法国作家。

（Aussicht）折磨人地显示，必须亲自完成一切，亲自赋予自己的生命一种内容。采用这种方式的无聊者会恼怒发问：今天我又得做我自己想做的事吗！？人们不耐烦地等待某事，却不知道那是什么。一种空洞的忙乱作为内在时间的脉动。时刻接着时刻，时间的吸引既拉扯又麻痹。

时间病理学认识与时间有关的强制思想。面对精神病科医生维克多·埃米尔·冯·格布萨特尔[1]，一个女病人说到点子上：我必须不停地思考，时间在流逝。她自己几乎无法再感知事件，只有对她所接受的时间段的感知不停地闯入她的脑海，而时间段的这种同一性又延及世界经历。女病人继续诉说：当我听见一只鸟鸣叫时，我不得不想："这持续了一秒钟。"水滴声让人无法忍受并让我变得疯狂，因为我总是不得不想：现在又过了一秒钟，现在又是一秒钟。

在千篇一律中是重返的时间点，它们撑开一段线性的时间序列。米歇尔·特乌尼森[2]建议将无聊中这类时间经历理解为由于维度的时间制的瓦解被移交给线性的时间制。这意味着：由过去、现在和将来组成的三维的时

---

1 / Viktor Emil von Gebsattel（1883~1976），德国哲学家，心理学家，精神病科医生。
2 / Micheal Theunissen（1932~2015），德国哲学家。

间制，它在反思中能被反复叠加，收缩为线性的时间流逝的嘀嗒声。这是一种强制的感知收缩，它抹去时间体验之可能的丰富多样。进入当下经历的回忆和期待，赋予时间一个体积，一种宽度，一种深度和一种延伸。但是，倘若线性的时间序列挤到前台，时间就紧缩到时间点的顺序上，会出现同样的单调的重返：现在和现在和现在。这是无聊之糟糕的无穷无尽，而人们在无聊中等待，最后出现某种不一样，而非仅仅是现在和现在和现在。一种空洞的等待。

一个人在等待时不一定总是变得无聊，因为人们不管怎样都会与一个事件有联系，由此产生一种张力。即使时间变长，它仍不会突显自身，因为被期待的事件占据着意识。

比如一次约会。有人坐在咖啡馆等待着她或者他，自己设想千百种事物，而事前的兴趣，事前的喜悦和好奇参与其中。人们由此被占据着。可等候的男人或女子迟到。人们怀疑，是否坐在正确的约会地点。出现一种轻微的侮辱，因为等待者觉得自己身处劣势。在这样的等待中会产生一些事，生气，侮辱，失望——无聊已不在场。

在真实地期待的事件中情况就是如此。不过人们所等待的令人担心的事件会形成一个通常不让无聊出现的事先感觉的晕轮。在机关办公室中情况有时不一样。在这里人们有这样的感觉，似乎一个人的时间被偷走，似乎受到阻碍，只能更合理地使用时间。

并非每次等待都与无聊相关，但相反每种无聊都包含一次等待，一次不定的等待，一次对虚无的等待。无聊中包含的等待是一个空洞的打算，现象学家（Phänomenologen）这么称呼它。

在萨缪尔·贝克特[1]的《等待戈多》中，带着几分滑稽，上演了这样一场空洞的等待，作为人类的基本情状。两个流浪汉在舞台上等待，他们自己和观众都不十分清楚他们究竟在等什么。他们等待的是戈多。但不清楚的是，是否真有这么个人，若有，是否能指望他真的会来，倘若此事会发生，是在什么时候。戈多的形象在这种不定状态中消失，留下的只是一个虚空。两位主人公不知道他们等什么，也不清楚他们该做什么。*来吧，让我们一起说话／谁说话，就没死*，戈特弗里德·贝恩[2]如是说。于是他们不停地说自己恰好想起的事。但事情太少，无法产生足够紧密的关联，以便保护他们及观众免受空洞之流逝的时间体验的干扰。《等待戈多》一夜之间成为现代派的经典之作，因为它揭开了每种戏剧的经营秘密。一切色彩斑斓、构思奇妙、激动人心的剧本，都不外乎是成功的、消磨时间的尝试。在成功事例中，稠

---

1 / Samuel Beckett（1906~1989），爱尔兰剧作家，小说家。
2 / Gottfried Benn（1886~1956），德国诗人。

密的事件地毯被当作针对流逝的时间的隔板被编织起来。在《等待戈多》中,这种保持生命的勤勉受到讥讽。事件地毯破绽点点。虚无不断地透出,发出微光。

**弗瓦迪米尔**:……我们在此干吗,这得问问。我们有幸知道这点。对了,在这样可怕的混乱中有一点清楚:我们等待,戈多来到。

**埃斯特拉贡**:哎,是的。

**弗瓦迪米尔**:或者,黑夜来到……可以肯定的是,在这样的情况下时间会延续更长,会促使我们,通过做事来打发时间……你会对我说,这样做是为了保护我们的智力不退步……

**埃斯特拉贡**:我们大家出生时就癫狂。一些人始终这样。……

**弗瓦迪米尔**:我们等待。我们……无聊得要死,这无法描述。好吧。有个消遣机会,我们干什么?我们让它去。

这一幕是主仆戏,是波卓和幸运儿在他们跟前演出的,犹如莎士比亚《哈姆雷特》里的戏中戏;弗瓦迪米尔和埃斯特拉贡虽然没有拒绝一种消遣的提议,但也没有足够坚持利用它——导致他们自我指责。但他们是无辜的:提议本身缺乏持续性。主仆戏本该打发无聊,可最后让无聊变得更易感受。两个主人公体验的是娱乐的基本原理:

无聊躲在应该用来驱赶无聊的手段中。文化——倘若人们愿意将舞台上的闹剧演出作为对此的象征——源自针对无聊的斗争。所以，无聊是想超越而出的、一切的基础。

克尔凯郭尔[1]曾经带着不小的讥讽，类似地将无聊解释为文化和历史的原始力量。在其《或此或彼》的一个有名的段落里，有这样一段话：*诸神感到无聊，所以他们创造了人类。亚当感到无聊，因为他孑然一身，所以夏娃被造出。从此刻起无聊进入世界并随着人口发展以同样比例增长。亚当起先独自感到无聊，然后亚当和夏娃一起感到无聊，然后亚当和夏娃以及该隐和亚伯，全家一起感到无聊，然后世上人口增加，民众成群地感到无聊。为了消遣，他们想出主意，造一座塔，它如此之高，高耸通天……此后他们分散到世界各地，就像人们今天旅行国外；但他们继续感到无聊。*

无聊，克尔凯郭尔解释说，是*一切罪恶的根源*，因而人是一个必须得到娱乐的生灵。有坠落之危险者必须得到娱乐。他们有坠落何处的危险？坠入"空洞的"时间。这是真正的原罪。

事实上在基督教中世纪，被称为懒惰（acedia）的无聊是属于糟糕的罪孽。它被理解为心灵的慵懒、冥顽，

---

1 / Søron Aabye Kierkegaard（1813~1855），丹麦哲学家，神学家，作家。

最后面对的通常是给人以生命活力的上帝的沉默。谁面对祂关闭自己,谁就会体验自身的虚空。布莱士·帕斯卡[1]在17世纪如此解释无聊。倘若上帝是崇高,那么被感觉的虚空则是祂的影子:崇高的反面,是虚无。上帝充实时间,倘若世人不让上帝充实自己,那么留下的恰恰只有空洞的时间,而世人无法忍受它,所以寻找消遣。就帕斯卡看来,由此产生了现代的仓促和忙碌。一切不幸由此发生,帕斯卡写道,人们**无法平静地留在自己的房间**。而无法留在自己房间,是因为他们无法孤独地忍受自己。帕斯卡又说,他们之所以无法这样,因为他们缺少上帝。以前他曾在的地方,现在是一个空洞的空间,它会吸引世人,威胁着吞噬他们。这是来自内在虚空的惊恐,而这种虚空能在无聊中被体验。无聊比面对外部空洞的宇宙而产生的惊恐更糟糕。卡斯帕以其名句同样有说服力地引导人们注意这个宇宙:**被空间那无限的广阔吞噬……我感到震颤**。

就帕斯卡所见,人在他尝试逃离的内在的无聊以及他逃入的外在的消遣之间来回往返,不断消沉。也就是说,无聊对他来讲不仅是一个心理的,而且是一个形而上学的状态,一个未获拯救之人的表征。无聊是受难于

---

1 / Blaise Pascal(1623~1662),法国数学家,物理学家,哲学家。

缺乏意义的时间，是一次与虚无的邂逅。

在这个传统中人们还要想起克尔凯郭尔，是他将无聊解释为*将人类推到虚无跟前的威力*，由此可以理解为*一种对变得消极的上帝关系的表达*。

公元1800年前后，正是一些浪漫主义作家，对空洞的时间之昏暗和危险的秘密表现了特别的敏感。他们用文学的魔力装备无聊，犹如装备深不可测。他们对于这个题目的敏感性具有主客观的前提。主观上他们过于渴望经历，以便在生命的常态中找到满足，所以感到无聊。另外他们清楚地感觉到一种客观变化的征兆：市民生活环境肇始的理性化和机械化所带来的祛魅。经过感伤主义和自我崇拜洗礼的浪漫主义作家，一方面容易接受无聊，因为他们曾经过多地与自己和过少地与现实打交道；另一方面他们对发生在外部社会现实中的变化特别敏感。艾辛多夫[1]曾经写道：*整个民族自身，即便通过最卓绝的外在的行业勤勉，真的不会受到这个一切罪恶之本真的多产母亲那内在的无聊单调的侵袭？*

在浪漫主义作家那里，无聊的飞黄腾达作为现代派的伟大主题的开始。他们为一种经验，依然还是我们的经验，创造出一种有效的文学形式，所以他们也在此发

---

1 / Joseph Freiherr von Eichendorff（1788~1857），德国诗人，小说家。

言。一个对于无聊的特别严密的描写,可在路德维希·蒂克[1]的青年小说《威廉·洛威尔》中找到:无聊肯定是地狱的折磨,因为至今我不认识更大的折磨;身体和灵魂的苦痛让精神受累,但不幸者还是以悲叹克服这段时间,而在呼啸的观念的集聚中,时光飞逝,悄然无声:但是如我闲坐,眼盯指甲,在屋里来回踱步,随后重新坐下,揉着眼睛,以便想起什么,其实自己不知为何;然后再次望出窗外,以便随后变换花样,能重新躺上沙发——啊……告诉我一种苦难,与这类逐渐蚕食时间的癌症相像;那时人们分秒计较,日子如此的长,时光如此的多,但一个月后,人们还是惊呼:天哪,时光如此飞逝!……

这是对一种瞬间的无聊的描述,这种无聊足够折磨人。在一部晚些时候的作品《晚间谈话》(»Abendgesprächen«)中,蒂克描绘了一种无聊,它坚韧和固执地渗透整个生命:你从未在自己的生命中有一次感觉到实实在在的无聊?我指的是那种无聊,它非常沉重,一直侵入我们身心之最底层并在那里坐实;不是那种以一声短短的叹息或者一阵随便的大笑就能摆脱的,或者当人读一本愉快的书就会飞逝的无聊;是那种夯入

---

1 / Ludwig Tieck(1773~1853),德国作家。

岩石的、抑郁的生命磨蹭，甚至不允许一个哈欠，相反仅对自身苦思冥想，但想不出任何结果；是那种随和，如此平静和荒芜，犹如吕讷堡灌木林[1]遥远的虚空；是那种灵魂钟摆的静止，与此对应的，可称烦恼、不安、不耐烦、厌恶以及天堂的感觉。

这种对于无聊的体验，一如在帕斯卡和"懒惰传统（Acedia-Tradition）"那里，被理解为远离感官的存在状态，以及在时间统治下的受难，而这种时间不是被经历为创造性的，而是清空内容的。引起这种体验的情形，确切地说是次要的。它们仅是一些机会，在其中某些事情可以展现，而这对黑色浪漫主义来说，这属于人类条件（Conditio humana）：内在的深渊，人们在那里听见时间簌簌作响，一种形而上学的耳鸣。如果说有些情况起到较为重要的作用，那么这就是19世纪初的社会发展，而这些发展被感觉为平面化。E.T.A.霍夫曼[2]和约瑟夫·艾辛多夫为地方特点的丢失、让位于文雅的千篇一律感到惋惜，而弗里德里希·施莱格尔[3]观察到由于法国革命

---

1 / Lüneburger Heide，德国北部下萨克森地区地名，现为自然保护区。
2 / E.T.A. Hoffmann（1776~1822），德国小说家，作家。
3 / Friedrich Schlegel（1772~1829），德国浪漫主义作家。

而产生的一种平均主义倾向。

我们今天还在经历这样一种平面化，甚至在一个由于趣味的全球化、时尚和商业而更为加强的范围内。对于来自外部、由标准化和文化工业的千篇一律所带来的某种无聊，当时和现在有着足够的理由，特别是在各类基地和现代居无定所之人的集合地，如机场、车站、步行街和购物中心。在这些实际存在的虚无主义的过境空间里，打发时间者们碰面，将对空虚的恐惧（Horror Vacui）[1]甩在身后，将渴望的平面的图像荧幕置于眼前。人们今天真有这样的印象，在此期间，内城看上去犹如居民的内在生活。浪漫主义作家已将外在的城市图像中无聊的荒芜，与几何学的干涸的精神联系到一起。按蒂克来讲，比如直线，因为它总走最短的路，表达了生命那散文般的基础。曲线，那些指向游戏的不可穷尽的布置安排，相反则变得无足轻重。那种慢无头绪，还有黑暗，也吸引人，即使它们仅允许开小差和放荡不羁，提供惊喜以及让一种**具有魅力的混乱**变得可能，犹如约瑟夫·艾辛多夫所言。也正因如此，人们美化多角落的中世纪城市，面对精密测量的法国园林，宁愿选取杂乱无章的花园。直线和精细，即使外表显得宽阔，具

---

1 / 属于亚里士多德物理学的假设，大自然试图到处填满空虚的空间。

有佯谬的效果，引发一种狭窄的感觉。其原因是，空间中的秩序井然与时间中的重复具有同样的作用。出现令人疲倦同时又感到压抑的千篇一律的印象。整齐划一的空间适合时间中永远相同的经历。双方的后果都是：无聊。

在公元1800年前后，对那些不得不长时间辛苦劳作的人来说——大多数人是这样——无聊更是一种陌生的体验。只有那些大人物和富翁，孟德斯鸠[1]写到，会抱怨无聊。卢梭[2]的解释类似，人民不会感到无聊，因为他们过着一种忙碌的生活。无聊只是对**富人的伟大的惩罚**，而普通人，他们其实有某种更好的事要做，必须用昂贵的**消遣**，来娱乐那些人，以便他们不**无聊至死**。这早已成为过去。今天不仅那些少数富人，而且广大民众也得被娱乐。在这方面，关系变得民主化。

整个工业被号召，以便世人不**无聊至死**。不仅货物被生产，被生产的还有各种经历——旅行、比赛、电影、电视、互联网——由此，一如格哈德·舒尔策[3]在其《经历社会》(»Die Erlebnisgesellschaft«)的研究中所写，失望可能的来源由此换位。以前有人可能感到失望，一旦

---

1 / Charles Montesquie（1689~1755），法国法哲学家，作家。
2 / Jean-Jacques Rousseau（1712~1778），法国作家。
3 / Gerhard Schulze（1944年至今），德国社会学家。

他没能得到货物的足够份额。那是"没有"和"吃亏"的失望。今天则有**无经历的失望**。一个人得到什么，可以打发无聊，但失望地发觉，尽管如此还是感到无聊。但因为人们身处消费者的位置，通常就不会想到，倘若无聊现身，原因也可能在于自己。人们可以将匮乏的原因推卸给外在的供给，**无须思考在经历产生方面自身的参与**。在电视机旁人们使用遥控器，从一个供给，从一个节目跳到下一个。注意力的时段就变得越来越短，经历的频率也越来越碎片化，其结果是，这种无聊，这种对于空洞的时间的体验，能透过这种无关联性的缝隙逐渐渗出——而缝隙又得快速堵住。也就是说，人们还可以更多地调换节目，而在这样一个电视之夜的最后，什么也不会留在记忆中。

至今谈到事件，事件地毯，它们的存在，是为了掩盖时间那难以忍受的、空洞的流逝，并让人的注意力旁移。但现在究竟会发生什么，倘若无事发生呢？正是时间流逝本身将使人感到压抑的注意力引向自己。

马丁·海德格尔[1]那样的人无法对此感到满意。无聊中显示的虚无吸引他。他在其中发现人类的整个深渊状态。在1929~1930年的讲座"形而上学的基本概

---

1 / Martin Heidegger（1889~1976），德国哲学家。

念。世界—有限性—孤寂性"(»Die Grundbegriffe der Metaphysik.Welt-Endlichkeit-Einsamkeit«)中,他给予作为基本经验的无聊一个深入的分析,非常的详细,之前没有其他哲学家这么做过。无聊于此成为哲学的事件。让我们伴随他在其分析的道路上走几步。这个分析几乎是个符咒。

海德格尔想让其听众坠入伟大的虚空,他们得聆听存在的基本声响,他想开启这样的瞬间,那时不再事关任何事,不提供任何人可以把握或者以此充实自己世界的内容。只有时间的空洞流逝。无聊,即时间咄咄逼人地显露、不流逝、不被打发和不被有意义地充实的那个时刻。带着不受迷惑的忍耐性——讲座文本有150页——海德格尔在这个题目上坚持不懈。他得唤起无聊,以便能分析它。从中将产生一个形而上学的创始事件。因为在这里真的事关一切和虚无。被展示的有,在无聊中,形而上学的体验的两极——世界作为整体以及个别的生存——以悖谬的方式紧密相连,因为当世界离人而去的时候,人被世界的整体攫住。世界脱离时,同样在场,在它丢下的虚空里,或在打开的深渊中。*我们的情况最终如此,即在此在的深渊里一种深深的无聊犹如一片沉默的迷雾飘来飘去?*

面对这种无聊的深渊,通常一个人会被对空虚的恐惧(Horror Vacui)抓住。人们得忍受这种惊恐,这对海德格尔来说,是讨论从前苏格拉底学者一直到莱布尼茨[1]不断被提出的形而上学问题的前提：为何是"某物（Etwas）"而非更是"虚无（Nichts）"？

其实我们熟悉虚无，超过我们自己的喜欢。经常的虚空感是我们所认识的日常经验，同样我们每天也会立刻重新遮盖这种虚空。人们得有勇气——对了，勇气隶属于此——有一阵子，长长的一阵子，放弃匆忙遮盖这种空洞的不安。这不容易；因为人们本能地倾向沉迷于世界，而非如在无聊中发生的那样摆脱世界。但这种摆脱对哲学的洞见是必须的。海德格尔带着对于戏剧性升华的意识，导演了其哲学出自被感觉的虚无和无聊的诞生。张力增长，地点越是空洞，他越是将思引到那里。

倘若人们**由于某物**感到无聊，情况似乎一清二楚。但还有一种可以认定的某事——一本书，一次演出，一个确定的人——无聊由此出发，人们可将无聊归咎于它。也就是说，无聊从外部侵入，它有一个外在的原因。

倘若原因不再是那么一清二楚，要是它从外部侵入但同时又从内部升起，那样的话，人们就**在某事那里**感到无聊。人们无法说，一趟没准时到达的列车会让一个人感到无聊，不过人们因为它的迟到而陷入的情境能让人感到无聊。人们由于某个事件感到无聊。这种无聊之

---

1 / Gottfried Wilhelm Leibniz（1646~1716），德国哲学家。

所以使人迷惑，其原因是，人们开始在相关的情境中自己感到要开始无聊。人们不知道如何对待自己，其结果是，现在与人打交道的某事，是虚无。比如一次无聊的晚间谈话不仅带来烦恼，而且让人陷入一种轻微的慌乱，因为始终有些事说明这点，人自身是无聊。情境真的复杂，因为无聊带来的通常是一种该打发无聊的行动。业已谈及娱乐的基本原理，即无聊躲在该打发无聊的措施里。换言之：被提供出来反对它的，总已是由它激发的东西。时间该被打发去何处？打发时间的此在漂向哪里？有没有生存的某种黑洞？

最深沉的无聊是完全匿名的。不存在它所引起的确定者。我们说，**它让人感到无聊**。海德格尔对这种表达进行了仔细分析。这里存在一种双重的不确定性：它（Es）——是一切和什么都不是，无论如何不是某种确定者。而人（einen）——是人们自己，但也是作为一个不确定的个性的生灵。这样的话，无聊也可能已经吞噬这个至少为自己是个无聊者而羞愧的我。海德格尔将这个**它让人感到无聊**的句子，用作对一种被充实和能充实的时间的完全不在场的表达，也用作对那时没任何东西能打动和占用某人的那个瞬间的表达。他带着对于险峻的表述的乐趣，将这种空洞的镇定描述为**向整体上不中用的存在者的引渡**。我们在这里身处据于海德格尔趣味的一种形而上学的中心，而他带着自己的打算到达目的地，**通过解释无聊的本质向着时间的本质挺进**。他自问，在这种满足一切者完全不在场的情况下,时间将被怎样经历?它不会流逝,它处在那里,在慵懒的纹丝不动中,它将一个人紧紧抓住,它*施魔*。存在着一种漂浮的不知疲倦,它无法与任何其他建立联系,甚至不能和自身。因为这个自身凝固了,非个性化了。如此,一个感到无聊的人不仅丢失了世界,而且丢失了独自的自身。存留的只是时间,不过是一种人们不再自己能够*到其时*的时间,人们与它同行。无论如何,时间慵懒地将一个人带走了。

这种无聊中的全面的麻痹让人明白,时间不仅仅是一种人们可以在其中活动的介质,人也是时间的合作生产者。我们当然生活在时间里,但时间也在我们心中,我们*到其时*。而在无聊中情况就这样,似乎人失去了*到其时*的力量。这导致了对于停顿的时间的印象。

对于停顿的时间流的这种体验,是海德格尔同时导演和分析的无聊的戏剧中的转折点。在最大的麻痹点上可以了解到,人们可以让自己挣扎而出。倘若什么都不行,人们得自己上路。海德格尔繁复地表述他的观点:*但这个施魔者作为自己,时间……让我们知道和真正促成的,……不是别的什么,而是作为它的此在的自由……但此在的自我解放只有这样才能发生,倘若它本身对自己作决定。*也就是说,海德格尔在他的哲学中因无聊导演的剧本就有三幕。

在第一幕中,人们——每天——在世界上起身,而世界满足一个人。

在第二幕中,一切退到远处,伟大的虚空的事件、自我和世界成为无,时间停顿。

在第三幕中,退回者,自己的自身和世界,终于重新返回。一切指向来自死亡之点的这个复活。再次来到世界。第二个开端。谁从无聊的荒漠中返回,转变的机会向谁开启:自己的自我和事物,带着更高的强度同他相遇,它们在某种程度上表现为存在者。但这显然是一种不可能的比较,不过具有某种奇妙的精确性。

这个来自无聊的开端——真的可能吗?这难道不是决断主义(Dezisionismus)?肯定的,这是决断主义。一个戈尔迪之结(ein gordischer Knoten)将被斩断,而人们重新开始。以什么?以开端。人们一旦开始,就会继续往前看。等待无助于事。要是没有好机会,人们得将自己当作好机会抓住。

## 第二章 开端的时间

开端的兴趣。文学中的著名开创者，从卡夫卡到弗里施和兰波。施韦特／施奈德事件。开端、自由和限定。初访奥古斯丁：程序化的歌曲。开放和闭锁的时间。现代繁殖业中的困难的开端。从自身开始和过度操劳。汉娜·阿伦特出生率的哲学。对于大有希望的开端的机会。

谁不认识它，这种开端的乐趣。一次新爱。一件新工作。新的一年。一个新时代。在历史中新开端者被称为革命。倘若革命重复不断地玩丢信用，还会留下一个炽燃的瞬间的神话，此刻看上去，一切还会重新开始。1789年对巴士底监狱的攻占，1917年对冬宫的冲击，1989年柏林墙的开放。时间断裂。这样的时刻具有零点情境的激情（Pathos der Null punktsituation），一场新的游戏：我们大家重新开始。什么不能从中产生！

有着很伟大的开端。一个爱情故事能有一个永远无法继续的开端。故事持续时间的长短要看开端的力量如何承付它，因此开端的结束即是结束的开端。

其他的开端更加司空见惯。人们开始读一本新书。要是忘记了某些关联，人们还不需要往回翻阅。一切还在一个人的面前。一个新世界一句一句地展现自身。

在每个真正的开端中都隐藏着转变的机会。人们会去摆脱那些往后会约束他的联系——与他的历史，与他的传统，以及与他被牵扯其中的千百件事的联系。但是，这种泰然自若的姿态，如何能成功地将某些东西抛于身后，不让自己被缚其上呢？这相当困难，何况一个新开端的梦幻和幻想更有魅力。

文学在特别的范围内与开端的冒险打交道。在与生命的紧急关头的关系中，文学是个精湛的行动，一种尝试行动。一个作家以传记实验，也凭借自传进行实验。他设想其他人的生命历程。借助这种想象行动，他跳出通常的时间顺序，尝试另一种生活。这样去理解，文学不管其主题是什么，几乎总是一个新开端的表达，无论如何，它经常将对一种新开端的渴望当作主题。

关于开端的一本著名作品是卡夫卡[1]1922年写下的小说残篇《城堡》。卡夫卡曾这样说自己，*我的生命是诞生前的犹豫*。他让自己的小说人物，土地丈量员"K."进

---

1 / Franz Kafka（1883~1924），奥地利小说家。

行一次新开端的试验。没有过去,出自一个某处,他走进一个坐落在城堡下的村庄,以便重新开始。"K."还没有因为熟悉、习惯和文化的不言而喻等要素而受制于感知丧失的法则。他有机会去发现一个可怕的世界。不过,从一个尚未隶属于此的人的视角来看,这是个普通的世界,正因为他在其中是个新人。这个望向世界的开始的目光决定了卡夫卡作品的魔力,不仅对我们,对作家自己也是同样。卡夫卡在写作中找到幸福,因为这里的开始给他打开了一个新世界,即使那里经常涉及压抑人的和折磨人的故事,但总是充满神秘和让人惊讶。所以,一旦开端的活力被消耗殆尽,他会中断已构思繁复的小说。

马克斯·弗里施[1]的小说《施蒂勒》(1954)的主人公是另一个现代人的原型。他被对于一种新开端的渴望四处驱赶。施蒂勒作为一个雕塑家是位失败者,他自愿参加西班牙内战,而与妻子尤莉卡的婚姻同样失败。带着开始一种新生活、成为另一个人的希望,施蒂勒逃到美国。之后他匿名返回,但被当作施蒂勒拘捕。以往成了在历史中显示自己的人的身份。施蒂勒想要极端的新开端。对他的描绘,同时也是小说的第一个句子:我不

---

1 / Max Frisch(1911~1991),瑞士小说家。

*是施蒂勒*。可他不得不痛苦学习的是：他只能这样重新开始，如果他接受自己。要是人们逃离自己，一种新开端就无法成功。抑或还是可以？

这里另有一个故事，是一件真实发生过的事，几年前才被发现。其间，它几乎又被遗忘，尽管克劳斯·勒格维[1]对此写过一本详细的书。

1945年5月2日，吕贝克的政府部门有个叫汉斯·施韦特的人前来报告，声称在东部丢失了他的护照。他其实是1909年出生的日耳曼学家和冲锋队军官汉斯·恩斯特·施奈德[2]博士。他曾是希姆莱[3]的"祖先遗产学会"机构中"日耳曼科学投入"项目的负责人。这个机构曾帮助准备达豪集中营内的医学人体试验。1940~1942年，他在被占领国荷兰担任宣传手册的主编，并掌管大学教育。

这个施奈德博士以汉斯·施韦特的名字开始新生活，第二次与妻子结婚，再次上大学并完成博士论文，题目是《赖内·马利亚·里尔克的时间概念》(»Zeitbegriff

---

1 / Claus Leggewie（1950年至今），德国政治学家。
2 / Hans Enrst Schneider（1909~1999），曾为纳粹文人，二战后改变身份并长期隐瞒，后升至德国大学校长。1994年其实际身份被揭露。
3 / Heinrich Himmler（1900~1945），德国纳粹首领之一。

bei Rainer Maria Rilke«），教授时论文的题目是《浮士德和浮士德的。德国意识形态的一章》(»Faust and Faustische.Ein Kapitel Deutscher Ideologie«)。他曾是自由主义和意识形态批判的日耳曼学的一位经典人物。他飞黄腾达，1965年担任亚琛大学讲座教授，1970~1973年任校长，是维护同荷兰大学关系的全权代表，部分地负责这些荷兰大学的事务，犹如三十年前当冲锋队队员一样。他曾是受到官方和大学生们喜爱的大学教师，一个正教授，一个1970年代自由主义的大学改革的倡导者，一名科学家，其文学理论著作被视为日耳曼学专业中现代化精神的典范。施韦特带着一枚联邦十字勋章退休，1994年受到恐吓。当时他得到消息，荷兰电视台记者准备揭露他。同年他提前提出自我指控。他的博士资格、教授头衔以及退休金都被取消，尽管从专业上看它们是正当获得的。1999年去世前不久，在一个养老院里，施韦特 / 施奈德宣称，他已无法理解这个世界，他自己*已去纳粹化了*。

有人说，汉斯·施韦特也可以作为施奈德博士在战后德国平步青云。是有这种可能的。无论如何，外在的身份改变最初让他免除了公开的侮辱和惩罚。施韦特 / 施奈德事件中真正使人惊讶的是，这个身份改变显然不仅仅是外在的。施奈德给予自己一个新的内在生命，即一个施韦特的内在生命。人们无法将此称为学习过程，这样的话一切过于荒谬。施韦特几乎无过渡地甩掉施奈德博士，给自己穿上施韦特，请允许在此使用对于突然皈依的漂亮的保罗式的表达方式（den schönen paulinischen Ausdruck）。一个种族理论家一夜之间成为一个民族文学的批评家。他没在身份改变上崩溃；他完全可能直到最后还是施韦特。施奈德博士哪里去了？施韦特教授是如何同他曾是的施奈德博士一起生活的？内心的紧张肯定有过。在施韦特的著作里，令人惊奇的是，有许多段落在研究角色游戏和戴面具的困难性。事实上"施韦特"不仅是"施奈德"的一个面具。一个木偶的图像在木偶中更合适。一份履历被套在另一份上，一个明证在一份履历中有为更多其他履历留下的空间。

撇开对施韦特/施奈德事件的道德判断，这个过程之所以令人印象深刻，因为它展示了人们如何真的可以让自己的履历有个新开端。文学研究大多与一种身份改变的虚构的美化（否则文学又是什么？）有关。而此事偏偏在文学研究专业的一个人身上获得如此完美的成功，在实际生活中坚持这种身份改变为这个故事增添了魅力。因为这类故事属于文学的吸引力，就很有可能在什么时候施韦特/施奈德事件会作为新的"施蒂勒"登场。

施韦特/施奈德生活的准则，由阿蒂尔·兰波[1]

---

1 / Arthur Rimbaud（1854~1891），法国诗人。

在 1871 年作为诗学先锋派的纲领（Programmatik der poetischen Avantgarde）公布：*我是一个他者*。施韦特/施奈德证明这点：人能成为一个他者，这可行。但这表明：从总体上讲，一个人由此被定义，即他无法定义。一如在施韦特/施奈德那里，不必有不同的真实的生命，人们能够躲入虚构，这已足够。

属于人的有其持续不断的开端。兰波突然中断写诗与出入巴黎放荡不羁的文人圈，去了亚丁，在那里做武器和奴隶生意。兰波有了新的开始，并实现了他的句子*我是一个他者*，不过与更加害怕冒险的艺术家的先锋派的想象不一样。

像兰波、施蒂勒和施韦特/施奈德这样的人，他们与幻想打交道，因为有人喜欢讲故事，说有个人有一次出去买烟，不再返回：他如何就这样简单地继续往前走，走得太远，走向一个新的开端。

如何进入一个新开端？

一种可能是：遗忘。遗忘是艺术，在其实没有开端的那里找到开端。比如歌德的浮士德。他疯狂胡闹，经历痛苦和欢乐，也造成一些灾难——首先是这个。无法预见的是，事情会如何继续发展。歌德也不知道如何继续下去，对迄至那时的故事感到厌烦，便让他的浮士德沉睡。遗忘的睡眠夺走了浮士德阐释者们的睡意。但浮士德阐释者施韦特/施奈德当然不一样，因为遗忘的神圣睡眠一定给予他启发。

这样的遗忘相反在精神病医生那里引起反感。他们立刻着手，将有疗效的遗忘解释为一种排挤，喜欢将他们的病人送回误以为的儿童早期的（frühkindlich）原始场景，然后他们很难从中再次走出。虽然有人断言，对以往的处理会解除以往的势力。但更经常的是，人们体验到被注意力缠住的遗忘恰恰不愿消失。如所周知，弗洛伊德[1]想将人的自我主权归还给人。世人不该继续受一种无法理解和克服的以往统治。来自以前的精神创伤的重复强制得被中断。目标是对当下和将来的开诚布公。世人得重新具有能力，依靠自己开始什么。不过，要是人们将自己卷入关于曾在者的神话，一个新的开端就越发不可能成功。人们该将关于以往和当下的关系理解为权力问题。我让自己被以往控制或者我控制以往——这是问题。尼采说：*只有借助将以往用于生命、从事件中重新创造历史的力量，人才会成为人；但在一个历史的过量中，人重新停止，而没有非历史的那种外壳，他将永远不会开始和敢于开始。*

遗忘属于我们的自然天性的仁慈的活动，这种自然天性仅将对于行动必须有的东西保存在记忆里。但是记忆通常超越这种界限。我们恰恰不仅回忆起现在对自己

---

1 / Sigmund Freud（1856~1939），奥地利心理学家。

的实际目的所需要的事情。亨利·贝格森[1]1907年在他的《创造性的发展》(»schöpferische Entwicklung«)中写道：一些多余的回忆成功，自己作为奢侈品偷偷地穿过虚掩的门。它们，无意识的信使，会通知我们，我们无知觉地在自己身后拖带着的，是什么。我们在自己身后拖带的东西，这个大多模糊的回忆的大口袋可以如此沉重，以至于阻碍对将来敞开的灵活性。后果是行动受阻。豪尔赫·路易斯·博尔赫斯[2]曾在一篇小说中构思出一个人，他不会遗忘。这是纯粹的恐怖。面对嘈杂的当下保持的以往，他无法再活动。他满满当当。他那里没有将来，也没有任何当下可以添加。在这样的思维实验中可以发觉，行动也意味着仿佛让时间流逝，但相信它不会在后面，在记忆里堆积。行动者以其健康的健忘性为基点，通常也是首个原谅自己什么的人。否则也许根本无法想象。

谁开始，就行动。行动总是带有某种暴力，它将自己从固执中扯出，不随波逐流和让人摆布，它采取主动，由此将时间地平线收缩到对行动重要的事上。希望有明智而周密的考虑，但某种肆无忌惮也无法避免。倘若世人想把握其行动的所有前提，评估所有的后果，他就永远不会结

---

1 / Henri Bergson (1859~1941)，法国哲学家，作家。
2 / Jorge Luis Borges (1899~1986)，阿根廷作家。

束——也就无法开始行动。要是他替自己排除障碍,那么每次行动都将一根新的线条编入世界那无尽头的织物中——带着同样无法预料结果,但有一个清晰的开端。

开端,人们以此启动一个新的事件序列,改变对时间的感知。此时此刻,时间似乎液化(als verflüssigte sie sich)。它运动自己,因为我运动自身,它改变自己,因为我改变自身。它敞开自己,因为较之曾在者的重力,一种不可知的将来的吸引力更强大。莱因哈特·科塞莱克[1]曾说:**期待视野**支配**体验空间**。率先行动多于回顾指涉。这对行动完全有效。犹如科塞莱克发现的那样,根据时代的不同,当然也有着显著的差别。近代以前,回顾指涉(Rückbezug)占有优势。当时有效的是被证明可靠者,传统,人们尽可能地不愿远离它,即使有一个更新,人们也将此解释为旧者的重建。相反,近代明确地寄希望于革新而非重复,那是新手的时代。到了当下,人们发觉,新手们变得越来越无知。谁像今天同时代人——亦即永恒的今人——那样,不得不在这样的宽度里进行如此多的交流,他几乎不再拥有对于超越当下的注意力。但这不对其无忧无虑的新手文化造成中断。而是相反。

每次行动中都藏有开端的激情,所以我们将此与单

---

1 / Reinhart Koselleck(1923~2006),德国历史学家。

纯的正常运转相区别。行动、开始和自由——这同属一处。不过人也被定义为完全受到规定的、无自由的生灵。这也同对时间的体验有关联，因为事情已经清楚，时间中的先后可被解释为因果关系。由于较早者被理解为较迟者的原因，有关的事件发生，就显示为由必然性控制。在自然科学为自身发现必然性的磁场之前，是上帝的想象对此提出要求。上帝是统治世界的主人，一切的发生带有一种来自他的必然性。他不仅预见这点，而且也预先决定这点。从这个观点出发，自由被视为幻想（犹如从今天的大脑研究出发）。那些并非早在上帝计划中被预见的或者在自然的必然性中被规定的事，我们自己无法启动。

奥古斯丁在其《忏悔录》第十一卷中，以一个献给时间主题的、著名的歌曲例子，形象地说明上帝在时间中和在人的非自由中的行动。谁能背熟一首歌，而且准备演唱它，就囊括了一个完整的时间段：他将歌曲从以往中、从记忆中取出，在当下献出，而这还持续一段时间，亦即伸展进将来。这首歌在时间的先后中变为现实，让一次超越时间的行动变得清楚。奥古斯丁说，我们就该这样，来想象时间中上帝的行动。倘若有这样一种人类精神，具备伟大的卓识远见，以至于熟悉一切过去和未来，犹如我熟悉一首唯一的完全著名的歌曲，这真会是一种如此奇妙的精神，以至于人们不得不恐怖地注视它。时间的主人将时间集聚在自己那里，犹如歌者对其歌。

歌者认识自己的歌。但涉及上帝的歌，我们是其中的一部分，某种程度上是一个音符或字母，但不认识整首歌。我们隶属于此的歌，犹如一个流逝的、我们无法对其施加影响的程序，而上帝是这个伟大的程序设计员。人们感觉回忆起电影《黑客帝国》(*Matrix*)。它涉及人类，他们自以为是自己，其实只是程序化的产品。他们完成的程序含有自己的将来。他们并非真实地行动，他们不游戏，他们被播放。

我们是上帝的一首歌的想象，起先可能令人同情，直到人们在这可爱的图像中发觉关于绝对的预先决定的可怕的想象。涉及奥古斯丁自身，他年纪越大，越受此折磨。当公元430年汪达尔人（Vandalen）在北非包围他的城市和主教府时，他已病入膏肓。当围攻的嘈杂声传进房间时，他让人将四段忏悔诗篇写在一张羊皮纸上，将其钉上墙，以便它们始终在他眼前，他在床上就能读它们。他死死抓住它们，因为他害怕被归入被诅咒者。折磨他的是这样的想象，一切在时间里发生的事，正像一首歌里唱的那样，一开始已被决定。他所经历的自己的时间，正是为一种超时间的势力作用准备的虚幻前台。不管人们开始什么，实际上人们从未有过任何一个机会。一切都是预先决定的。时间成为噩梦。在上帝的旨意中它僵化。一切仅仅表面上在运动。彻底地被决定了的时间其实不再是时间。它成为闭锁的空间。人们也可以说：

成为监狱。

有一种时间理解,它否定自由,也有一种,它与自由结成同盟。在决定主义的世界和人类图像中,时间失去开放的将来的特点,变得可计算。倘若当下的事件 X 必然地导向 Y,Y 的将来即已确定。那么这样一种将来不再开放。在此程度上,一旦始作俑者的过程被看透、技术上被掌控和能重复,人们就会自以为,将来不是别的什么,只是可以计算的扩展的当下。这是程序或者机器时间,与开放的时间相反,而后者与自由的经验相关。

要是我现在决定开始某种行动,此后我也许能够从条件出发解释我的行动。但是在我能解释一种行动之前,我得已经行动。在行动中人们受到许多强制的规定,但没在细节中发觉这点。我仍然得作出决定,出于原因和冲动。解释是对于行动的一个事后的评说,它在回顾时排除人们开始一种行动时所处的开放的境况。解释经常服务于减轻负担。有人采取行动,心理学、生物学和社会学然后解释,行动者其实根本没有行动。因为一个事件通过他发生,而他错误地将此解释为他自己的行动。由此人们被解除责任。其作用唆使了行动时的不诚实。也就是说,人们可以将事后的解释,为什么事情必定如此发生,置于一次行动的开头,有意为糟糕的情况进行一次预防性赦免。人们已经开始准备自己的不在场——倘若有必要承担责任及接受后果。

人们目前正在尝试，在基因中解读我们的程序。在可以预见的时间里，人们将可能建立基于基因的预测，并在我们的遗传特征总和中进行程序改变。这难道不是一个对于人的彻底检测，亦即对其失去自由和开始的能力的一个明证？不，我们无法躲避决定，我们该做什么和开始什么。所以在基因技术的伟大项目的边缘上形成伦理委员会。决定的自由不能被在编制程序时去除。

我们是自己能够开始的生灵，所以我们也询问开端，询问自己以及世界究竟是如何开始的。

首先是家谱学的（genealogisch）兴趣，对于自己出生的提问。在现代条件下这会变得错综复杂。西碧拉·莱维查洛夫[1]准确地称其为**繁殖的瞎忙**（Fortpflanzungsgemurkse）。人类现在——将来会更进一步——已经不得不感到自己成了阴谋诡计的产品。肉身给予者——以前是父母，将来也许是精子捐赠者、卵子提供人、借腹母亲、生殖技术员和基因银行——会将一个人送入世界，而他可以觉得这是成为肉身的投资。揭露遗传的命运以及对其进行改变的新的可能性，都对可掌控和不可掌控者以及对死亡和疾病、偶然和必然的传统态

---

1 / Sibylle Lewitscharoff（1954年至今），德国女作家。

度提出了质疑。

此刻和时间的关系也得到改变。因为生命时间总体上表现为一个产品的运行时间，而这个产品能在遗传上被决定和优化，购买和出卖，计划和保险。不过一切将从对孩子的希望的角度出发来观察。大权在握的是基因技术的作案人，而非他们可能的牺牲品。牺牲品们又怎么能。一些人带有对孩子的希望，有玻璃盘、精子银行、卵子仓库和分娩女奴等，这些是开始者。这里产生的是被开始者。他们被指望，去了解其生产史的可能使人冷静的深渊。然后他们得以此生活，要是别人不满怀愧疚地对他们隐瞒此事的话。但这也是一种基本的掠夺。因为对于知情的意志，首先也许不是别的什么，只是急切的兴趣，想知道人是如何被开始的。

以前人们勾画处在自由、升入天堂或者进入世界基底之创造性的开端之间的内在关联。基督教的信仰和从中产生的形而上学在那里，亦即在开端处发现了无法测度的神圣的自由。**开始上帝创造天地……**来自虚无的创造（Creatio ex nihilo），一个思想之所以如此可怕，因为它将一切存在的起源归于一种无法解释的冲动。在上帝的冥想中，关于开端之自由的体验被以崇高的方式置入世界的心脏。没任何东西能强迫上帝创世。世界由此不是源自必然，存在更是一种自由和神圣行为的结果。正是源于自由的一个开端，是上帝的自发行动。上帝是个真正的开始者，甚至开始了我。不过，这在古老的信仰中有这样的后果，即来自虚无的创造一直依赖于继续创造（Creatio continua）。这意味着：存在并非自己保存自身，它依靠仁慈之不停的流入。这个仁慈不间断的输入，人们称为爱。所以基督教本体论的原则也是这样表述的：被爱是能够存在的一个前提。我们大家是如愿的孩子，基督教信仰教导说——这种方式抵消这种模糊的感觉，即也许我们之中只有最少几个人与生身父母有关系。要是人们感到被爱，与自己开始什么的勇气依然会增长。爱情——作为仁慈和人与人之间的爱——必须参与世界游戏，以便它能继续自己。

这一切在现代的世界观里没落。我们在此期间冷冷地望向自然和生命的生产。我们如何才能对付我们的偶然性，倘若我们已经失去作为存在基础的爱的信仰？难道我们不是始终需要爱的、很难放弃被意指的感觉的生灵？难道我们不需要由意义和重要性组成的一种氛围，犹如需要空气来呼吸？难道我们不也需要时间的安慰，这种受它承负的感觉？

开始什么的勇气确实需要一种基本信任。人们得将时间体验为充满允诺，能感到受它承负。但这样的世界和时间信任就像深渊上的一座桥。只有当人走上去，它才会出现。这里涉及一种允诺，对此人们不十分清楚是否能得到它，或者那是否是人自给的。哲学传统的很大一部分可以被定义为这样一种行动，人的精神通过这种行动鼓励自己具有一种棘手的自我信任,而它会允许某人自己开始。伊曼纽尔·康德[1]以他奇特的方式表述能够开始和被开始之间的这种紧张关系:人是地球居民,在其开端是父母的一个行为,其实是个恶行,因为它将一个人未经其同意就置于世上,并且专横地把他带入世界。所以人们不得不将新生儿的哭叫理解为愤怒的表达。从这个原因出发,父母有责任尽其所能,*让他对自己的这种状况感到满意*。这如何才能成功?只有这样,他们得在每个小孩身上唤醒自我决定的力量,来替代外人决定。这由理性完成。一个自我无法掌控的开端的丑闻可以借助理性来抵消,简单地通过以下方式,我在我的理性中发现能够开始的自由。我被开始,仅仅这样才可忍受,倘若我学习,自己开始。所以康德也描绘了苏醒,更确切地说:唤醒理性作为第二次诞生。现在看见天光的不再是个不情愿的新来者,而是一个能够自己开始的开始者。

他从自己开始。全部的困难在于自己。这意味着一个有意识的自我与其自身的反射的指涉。什么是这个自身?它包含我至今曾是和还会是的一切;在我身上已成为的现实和还会有的可能。这是我的时间,我可以用它

---

1 / Immanuel Kant(1724~1804),德国哲学家。

开始什么，以及必须开始什么。倘若意识遇到这个本真的自我，它也必须接受这本真的时间，作为抵押和机会。这里有个问题。因为人们得接受什么是自己无法掌控的，也非自己做的，其实也不必负责的事。不过，人们别无他法，只能一起接受这个人们自己是的存在——比如自己的身体——，以及人们身处其中的时间——亦即命运和环境。在此也可能发生灾难，比如该被接受的东西过于沉重。有可能发生这样的事，人们在双重意义上承担过重的任务。不过别无他法，人们只能过度承担，用被制造的自己再造出什么。也就是说：从自己开始，尽管人们无法掌控自身的开端。

在我们这个时代，尤其是汉娜·阿伦特[1]，当她逃脱大屠杀后，大手笔地设计出一种开端的哲学。一种此外也含有她对马丁·海德格尔的爱的哲学。当海德格尔笔下的哲学跑向死亡的时候，他爬上她在马尔堡的阁楼小屋。逃脱死亡后的汉娜·阿伦特，犹如相爱之人所做的那样，补充地以跑向一种开端——即开始的哲学——对跑向终结的哲学作答。*不断地中断和在毁灭前拯救世界进程和人类事务发展的奇迹，……最终是出生率，被出生的事实……这个"奇迹"在于，人确实会被出生，随之*

---

1 / Hannah Arendt（1906~1975），美籍德国犹太裔哲学家。

是新开端，人可以借助自己的被出生，行动着实现这种新开端。

在汉娜·阿伦特那里，有一条直接的路从开始的人类学的理解出发，通向民主精神中共同生活的观念。每个新来者，她解释说，对这种共在（Zusammenleben）是一种好处，前提是，人们确实启动这种好处，也就是说，发展其不可混淆的可能性。这正是民主的机会：社会的活力由此可以保证，人们通过机构规则的支持互相帮助，保持自身开始的可能性。游戏规则，限制和义务是必须的。因为每个人可以和必须以自己的方式重新开始，尽管有允诺和理解，还存有不一致的一种剩余。这并非缺陷，而是一种对于社会之活力和人道的标记。因为倘若人们在一个共同的世界里无强制地走到一起和互相赞同，统一中必须存有差异：每个人来自另一个开端，并在一个完全独特的终点结束。民主承认这点，途径是，它愿意让关于共同生活之问题的讨论始终能重新开始。而民主的原则也是：它之所以存在，是因为它不断地重新开始自己。这里重要的是保存一种政治的文化，它允许每个人启动自己的开端——或者至少寻找这种开端。有一点是肯定的：对来自自由的这类开端而言，那些想从一个点出发以治疗世界的项目，是终结。

开端的时间，以中途的幸福过程为证，是炽热的时刻，因为人们感觉与时间结盟。开端的时间是个人的时间，他发现自己是这样的人，采取主动，用卡尔·马克思的话说，将全部以往的破烂抛到身后。开端的时间摆脱社会的魔力，让人预感到一种新的生命领域。但是，开端的时间将不可避免地重新转入各种社会的轨道。那里等待着操心的时间。

# 第三章 操心的时间

> 操心——可体验时间的执勤器官。操心渡河。
> 海德格尔的操心:坠入世界和躲避死亡。操心作为
> 可能性意识。问题:在操心中保持原样。再次发现
> 一个"最幸福的民族"。缺乏将来意识,无操心。风
> 险社会中现代化的操心。古老的操心的回归。

有人曾尝试,仅仅集中精力于时间,以便它在某种程度上作为对象完全处在自己面前。人们让一切事件尽可能地远离自己,关注时间。人们发觉什么?时间的流逝。但是,倘若人们试图故意否认流逝的事件,那里流逝的究竟是什么?比如人们看钟,观察时针。那里显示的是什么?那里运动的难道是时间?不,那是指针,即又是一个事件。或者有人倾听滴答声。时间作为对象根本无法把握。事件不停地插入其间。那可能是外部的事件,但同样是内在的事件。在尝试完全保持静谧的时候,人们发觉内在的呼吸——这个内在的活动或者被活动。人们始终有什么事要操心。要是人们关注这种类型

的操心就会发觉，这里事关一种有目标的张力。人们在时空中总有一个目的，关注什么。空间边缘或者时间之外的"某物（Etwas）"。这样有目标的、指向一种"尚未（Noch-nicht）"或者"不再（Nicht-mehr）"的张力，被我们经历为时间。

我们在我们自身之外无法纯粹地（亦即无事地）把握时间。它在我们身上活动——正是作为这样一种有目标的紧张度。海德格尔以他独特和精确的方式，称这为**此在之延伸的自我延伸**（das erstreckte Sicherstrecken）。因为一个人并非在外遭遇向他走来的对象，他自己保持在一个安静的观察点。几百年来，认识行为根据这样的模式受到描绘。我们的意识仅在例外事件中这样工作。在通常情况下，意识始终操心地触及在流逝着的时间的视野中显现和发生的事物和人。意向性（Intentionalität）性恰恰是这种不安和动荡，这种关联的类型。

**自我延伸**在双重意义中有效：空间的和时间的。空间的是指从这里到那里的延伸，时间的是指从现在指向将来。海德格尔称这种被此在激活的时间指涉为**到其时**（zeitigen）。有人曾经嘲笑这种表达方式。但它准确地描绘了两种时间的区别：人们感觉身在其中的时间，以及一种人们协助创造的时间。"到时"有将来倾向。人们始终有准备，抢先行动，替自己撑开由期待和考虑组成的一条地平线。以实际的观点看，遭遇的世界就变成被操心的世界。将操心认同于体验时间的执勤的器官，这是海德格尔的天才的胡闹。其代表作《存在与时间》一半以上的篇幅，是操心观点之下对世界关系的一个精确分析。

作为解释人类的此在是操心的一个例子，海德格尔援引希吉努斯（Hyginus）的寓言，在那里操心作为比喻人物登台。操心，拉丁语是"cura"，她在渡河时见到胶质土丰富的土地，用此捏成东西。然后她请求朱庇特，将精神吹入这块泥土。当操心想给这个新创造的生灵一个名字时，朱庇特提出要求，得根据刚才捐赠精神的他来起名。这时土地神起身，为自己要求同样的事，因为是她提供了材料。争吵者们让农神当法官，而他宣布：这个东西死后，给予精神的朱庇特将得回精神，而土地神得回泥土。但因为"操心"首先塑造了这个生灵，只要它活着，"操心"就可以占有它。海德格尔在一篇关于《浮士德》第二部的博学的文章中看到这个寓言。他在那里发现提示，歌德正是受到这个寓言的启发写下最后一幕的场景。操心在里登场。罪孽、匮乏和困苦的灰女人被拒绝，但操心穿过一切缝隙并宣称：谁一旦落入我手／全世界对他也毫无作用，／……／他在富足中饥肠辘辘，／不管欢喜还是忧愁／他总要把它推到翌日，／只能期待未来／他会永远停不下来。

操心指向时间。时间身上的不确定性以及不可预知性将它唤醒。人操心自己，因为他眺望将来，恰恰不完全溶化（aufgeht）在眼下。海德格尔宣称，在操心中，人们总是先于自己。人们操心自己，因为无法知道人们所关心或者依赖的情况会怎样发展。操心与一种"尚未"有关。或者某事尚未发生，或者虽然业已发生，但消息还未到达我处。当然，较之于替某物操心，在为某物的操心那里，时间指数更清晰地被说出。倘若有人替自己或者别人操心，那么这大多意味着，他替自己或者别人承担责任，经济的或其他的责任。不然的话，事关为某物的操心。这个某物（Etwas）在此有可能处在无法预见的时间之有威胁的统治下，所以产生了操心的理由。一次不局限于被动的等待的操劳（Sorgen）成为照料（Besorgen）并由此成为行动。每种行动与不可预见的结果相连，而它在时间的顺序中才会显现。人们得自己操心，因为无法预知和忽略一切。所以照料将无法摆脱操心。不存在指向过去的操心，只有来自过去和在将来继续作用的事情，带来操劳：人们替自己操心，某些令人不快的事会发生，一种耽误会更可怕地报复，必须偿还债务，存有产生恶果的危险。

人们为其他的事和其他的人操心，但首先为自己。操心也是一种自我关系。人们自己有什么打算，但不知道能否信任自己。倘若人们无法信任自己，这意味着什么？这也与时间有关。人们其实不知道，是否保持为别人所希望的人或者，这点很重要，他是否会被其所有的善良的神灵抛弃。

时间的转变和情况的变化以非常的方式涉及这个自

我，这个人们为之操心的自我。但让人感到操心的并非仅是当下和将来的情况。相反更是这个来自内部的相当脆弱的自我。足够让人感到惊讶的是，在通常情况下，自我尽管有丰富多样的经历和印象而保持自身不崩溃，因为每种感知，每种对于陌生的理解对都意味着，在某一时刻成为一名他者。人们成为自己在外部感知的或者理解的事物。这种日常的和经久不变的形变，大多不会被人觉察，可它发生着。它保持为不被觉察，因为迷惑人的感应作用（Suggestion）过于强大。在我这里的身上存在着意识，在那里的外部存在着互相遭遇的世界和人。可事实并非如此。意识不处在这里的里面，而是，因为这是对于某事的意识，在外部的世界那里，在事物和人那里。

作为意识的内在空间之对于生命的幻觉，妨碍我们在每次感知行动时的、对日常形变的感知。要是我感知另一个人，我总会在自己心中将他多放演一段。在模仿的概念下，西奥多·阿多诺[1]和其他人尝试把握这个过程。我们对于模仿的天赋，让我们回忆起我们所谓的身份的脆弱性。尽管如此，它还是能坚持住，如此可以得出这样的结论，在陌生联系中显然一直包含着自我指涉。

---

1 / Theodor W. Adorno（1903~1963），德国哲学家。

**自我思考，这定能伴随我全部的想象**，康德这样说。尽管如此，人们心头不时会略过这样的操心，自己可能会失去那里外部的对象或者人物，而结果一定是，必须有过强烈的经历人们才能重新困难地打起精神和走到一起：保持为自身，这并不容易，也非毋庸置疑，倘若人们有过在外部的经历的话。汉斯·布鲁门贝格[1]为自我意识之保持的这个事实，曾找到这样惊人的简单的句子：**拥有对象，这包含，不必是它们。**倘若人们以为，拥有某物而非是某物的选择始终是存在的，就会误解这个句子。事实上得发生许多事，以便这样的拥有，作为必须存在的去除而获得成功。这并非我们的天性，相反属于文明的辉煌成就，而每个成年人必须将这些成就据为己有。

至此，追寻的是这样的思想，即操心的自身如何能完全保存自己，不在被操心的世界上丢失自身。这是第一个观点，现在是第二个：

这个自身不仅在当下的陌生关系那里坚持自己，更令人惊奇的是，而且还在曾经有过的和将来的自我那里坚持自己。也许这完全是对于时间的基本经验，即这种建立在加速发展的自我关系中的时间。这意味着什么？

---

1 / Hans Blumenberg（1920~1996），德国哲学家。

令人惊讶的是，存在着将来和过去，而一切都存在于时间中，但这最令人惊讶的是，这个自我，即我现在的存在已属过去，以及会是将来。真实情况则更加复杂：越过时间距离，它能如一个深渊起效，人们视自己为一名他者，但又是同一个人，准确地说：人们想这样看自己，但这并不总能成功。将来者和过去的自我，从一个人那里脱身，直到人们觉得自己陌生和无法理喻的那个时刻。为了自身的操心，这将一个人卷入自我保存和自我维护的诸多问题之中。这些问题并非在苦思冥想的自我沉思时才变得咄咄逼人，相反它们每天在发生，在实际的行动中，在人们保持或者背弃忠诚和允诺时，在对以往或者将来担起责任时，在人们签订的每个协议中。总是事关内含的允诺：不管时代会如何改变我，只要一直是同一个人，我将把已经达成的允诺视为具有约束力。在此期间，人们可能会有改变，这样的保留是无效的。倘若这样的保留有效，一切社会的责任和协议就会失效。在社会的内在最深处，有这样的观念，即这个自我会坚持自己。这可能是个幻想，但是缺少它就无社会。产生于这些允诺和约定等的文件中的张力，属于操心的时间。

操心的时间是开放的时间，它将被经历为无法预测。有这样的可能，存在着一种决定论的时间，一切带着无情的因果关系发生。倘若人类的才智有能力彻底地把握时间，当然就不再有操心的理由，因为那时不再有不确定。只有在不确定依然保持的地方存在着操心。即使事件的发生是确定的,这个何时可能会一直持留为不确定,由此事情早已受到关照,操心不会停止。因为人们得操心,比如被估计到的事,不在错误的时刻来到,自己是否有能力去承担或者得体地去应付。

自身的死亡是肯定的。没理由操心?但时间点不确定。所以人们操心自己。经过一种通过欧里庇得斯[1]流传下来的普罗米修斯神话,最初的人类不仅知道他们得死,也知道在何时。所以他们蜷缩在地洞中,沮丧地受这个知识麻痹。是普罗米修斯给他们带来了遗忘,使他们忘记死亡的准确时间。他们中间就有了热心努力和勤劳干练,而火的礼物进一步对此产生激励。对于死亡时间点的使人麻痹的确定不断弱化,结果原于不确定性的操心。关于死亡的知识对海德格尔来说是最重要的假设,是它承负操心,这个*自身领先存在*(Sichvorwegsein)。所以他也将这个*向死的先行*(Vorlaufen zum Tod),这个自身的限定之"能够思考(Bedenken-Können)"解释为人类此在的特点。埃利亚斯·卡内蒂[2],这个自称为*死亡之死敌*的人,在其剧本《确定死期的人们》(»Die Befristeten«)中演绎了了解和不了解死亡时间点对生命如何产生影响。

---

1 / Euripides(约前480~约前406),古希腊三大悲剧作家之一。
2 / Elias Canetti(1905~1994),英籍德语作家,生于犹太家庭。

但恰恰因为人对于将来自己的死亡是开放的，这个反对倾向在他身上也起作用：躲避，沉湎于事物、产品、打算、观念和阴谋的世界。这类事情虽然持久性不佳，但它们至少可以分散注意力。作为存在着的、操心和照料着眺望将来的生灵，人感到自己被自身的减负（Entlasung）所吸引，朝向简单地现有的而非这种必须承担困难的生存的目标。这种与现存者的，以便无须承担生存之困厄的眉目传情非常重要。因为只有这样才能解释，人愿意将自己视为某种单纯的现存者，作为事物中的一件事物，作为一个统计的数值。这也说明了，为什么那些将人理解为神经元的系统、分子的联动装置或者社会的继电器，亦即在物质世界的术语中描绘人类的许多科学门类，具有如此崇高的威望，并在真理问题上几乎占据一个垄断的地位。于此相对可以断定：生存意味着，恰恰不是一个对象，而是一个生灵，它在时间里生活。

被操心地托付给时间的此在也始终处在躲避时间的逃亡路上。它仍然不停地被抛回其自身，抛回到它的一时性（Zeitlichkeit）上，这就是说：抛回到它的操心上。时间地体验自身意味着：具有可能性和向前看。人们愿意留在对这些可能性的占有中。今天人们称此为选择。倘若人们决定要这个，就失去那个。但人们不知何时，总得决定和选择。这犹如一条窄路。人们会失去可能性的丰富多样，倘若人们通过决定的针眼将一个可能性引入现实。人们操心地和照料地决定，采取预防措施，考虑一切可能，沉湎于每种可能性；而人们在每次决定时会放弃这些可能性。倘若人们想要现实又无法满足于占有选择时，这不可避免。

厄顿·冯·霍尔瓦特[1]曾让他的一个舞台人物这么说：**我其实是完全不同的，但我很少谈到这点。**这是对投机者的讥讽，这些人替自己想象出一些什么，以为自己拥有最好的东西，可惜机会还没有出现，无法实现自己。冯·霍尔瓦特讽刺的这类借口，对海德格尔来说如此恼人，以至于他无法对此发笑（一如他本来就几乎无法发笑那样）。对他来讲，这个姿态是非本真的典型情况。相反，本真性意味着不躲避到可能性中去，而是带着对于实现的一切风险在此意义上作决定：做你想做的事，但你一旦做，就全身心地做。

这个被如此理解的**本真性**（Eigentlichkeit）属于一种存在主义的道德，它是出自一种对于生命之理解的，可能的，即使不是强制的结果。一种作为操心的和照料的生命，因为从中也可能产生一种带有谨慎和保留的操心，完全缺少犹如海德格尔那里的断然之预示不祥的本真性。无论如何，操心使人勤奋和让人进入工作状态。从此刻起他始终有事可干。他周围的整个世界，包括他

---

[1] / Ödön von Horváth（1901~1938），奥地利剧作家，小说家。

自身将成为照料的对象。只要人还活着,他操心,一旦他的时间到了,他也到达终点。但之前始终有可能出现别的、自己想不到的事,所以他**永远无法结束**操心。

难道人们无法真有这么一次**结束**操心?曾经有过和现在还有人梦想这一点。比如卢梭想到,一旦私人财富消失,大多操心的源泉会干枯,原因在于为了增加和捍卫这类私有财产,一切手段都会被用到。

不久之前,民俗语言学家丹尼尔·埃弗雷特[1]以一篇关于亚马孙河地区一个印第安部落的报告引起轰动。在"最幸福的民族"的题目下,他描绘这个部落的生活和思维方式。这个部落一直远离现代文明的成功,并保持自己奇特的语言。这种语言具有特征性的标志是,其语法不识别时间的区分。一切指向当下。比如第一将来时可以组成,因为它直接与当下联系,但是与以下更高层级的,即第二将来时的联系无法实现。在埃弗雷特看来,这种现在时主义(Präsentismus),对于非常简朴地生活着的毗拉哈人[2]显然不懂将来之操心一事来说,负有共同责任。我们在此与一种迟到的卢梭主义或者与一种极端的语言逻辑打交道。对于后者有效的难道是:语法决定

---

1 / Daniel Everett(1951年至今),美国语言学家,民俗学研究者。
2 / "Pirahã" 即一个生活在亚马孙河支流沿岸,以打猎和捕鱼为生的印第安族群。

生活？这样或者那样，有关时间体验和操心的文化遗传学的重要性是二者的前提。

人们可以在这样的观点下描述文明史的时代，操心曾有过哪种重要性，它属于何种类型，它又被如何管理。操心的地平线被撑开多远？人们考虑到哪些祸害，它们又属于何种类型，人们如何予以预防？

在以前的时代，比如在18世纪之前，人们从两个方向看见自己可能会遭遇的祸害。来自自然领域——灾害、船难、疾病——，或者来自人类声名狼藉的恶毒——偷盗、战争、抢劫、剥削、折磨。人们不得不因此而操心，并对此采取预防措施。涉及恶毒，最好的预防措施是威吓，借助显然的武力或者施行惩罚的社会规则来实现。面对自然的恶毒（洪水、干旱和暴风雨），行动的影响范围有限。人们建造堤坝对付洪水，用灌溉设施对付干旱，并推行一种挖空心思想出的储备经济。能够帮助的经常只有祷告。信任上帝能减少操心。当一个人无法解决此岸的问题时，就有这样的话：别操心，请相信！但是，为此人们要承担对自己灵魂得救的操心。

现代造成了操心的另一个新理由：风险。乌尔里希·贝克[1]在他的书《风险社会》(»Risikogesellschaft«,

---

1 / Ulrich Beck（1944~2015），德国社会学家。

1986）中详细分析了这个过程。风险不简单地是一种危险，一种从自然或者人类的恶毒方面即将到来的危险。风险不再仅仅指向上帝或者盲目的偶然，以及个别人或者人类群体的有目的的罪恶行为。它产生于因技术而加强的活动之正常和综合的相互作用。因为对于这种类型的、携带其副作用的错综复杂，没有医生或者药剂师能对其负责，整个社会就陷入一种照料着的和被照料的观点中。人们与包含他的东西拉开距离，并将此当作整体带入**先有**（Vorhabe）——海德格尔的一个概念——最后发觉，自己其实处在一种相当冒险的活动中。

风险是行动无意的附带后果。行动者不得不接受风险并希望不直接地遭受风险。一个人的风险是另一个人的危险。比如在一次超车行动中：一个人冒险做什么，对面的来者无辜地陷入危险。承担风险的是那个超车者，由此将另一个人扯入序列影响的领域。而后者被迫参与一个他不必对此负责的风险。双方都缺预见力，一人有罪，另一人无罪。风险社会通常根据这样的模式起作用。

现在可以让这个断言成立，参与道路交通完全是冒险的。人们得始终估计到，突然自己会遇到一个冒失鬼。道路交通正是一个危险，谁被卷入这种危险，谁会在其中丧命。这种理由确实属于风险社会的合法性基础。在我们这里的大多数人，同时也是高产的、产生富裕但危险的（环境损害、资源匮乏）工业文明的受益者，事情就会变得不可避免，即他们愿意根据这样的准则承担风险：一同被抓住，一同被吊死。在风险社会里，社会作为整体被挤压入行动者的角色，尽管个人身上的责任等级非常不同。倘若风险达到某个量级（核电站的特高危事故、气候灾难），自然会出现面对风险的一个不幸的一致，因为这涉及所有人，包括那些无辜者。牵涉切尔诺贝利的今日那些不得不为此受难的人，当时尚未全部出生。

那里有危险，那里就有拯救者，一如荷尔德林所说。这是可能的。不过，当风险增长时，起先增长的根本不是什么拯救者，而是转换分摊风险的生意。贝克这样描述分摊的冲突：以前有过事关社会的财富（收入、工作岗位、社会保障）的分摊的冲突，对此的解决方案被寻找和也被找到；今天这些冲突被新的冲突叠加起来，以便分摊同时被生产的"不幸"。在此爆发了对此问题的争执：*由商品生产带来的风险的后果——原子和化学的大科技的、基因研究的、环境损害的、军事高级装备的，以及生活在西方工业社会以外的人类之贫困的增长的后果——它们如何才能被分摊，被制止，被操控和被合法化？*

风险社会将古老的操心现代化了。它已成为系统地设置的预先操心，作为某种对于新风险的警犬起作用。以前人们视将来的事件为命运或者偶然，今天人们充满忧虑地望向将来，而它让人面对行动（或不行动）之有意的，尤其是无意的后果。从对于风险的预先操心的视角出发，只要以往的行动的影响力依旧持续，将来会成为扩展的当下，并且还会将以往收入自身。可能发生这样的情况，即一个人会遭遇出自将来的以往之罪孽的后果。在风险社会里没有任何事会如此成为过往，以至于其复归不会作为风险而产生威胁。

技术和社会行动的巨大的侵犯深度会加强其在将来才会显现的反作用。对于将来的人为的干涉不断增长。尽管如此，将来继续存有开放性，因为会出现风险状况——或者也不会。没有任何风险保险能让操心消失；通过提高安全需要的绕道，操心很可能进一步加强。因为即使这些安全需要，它们也会陷入一种增长的螺旋。安全也要求更多的安全，仅仅因为业已习惯于安全的人们对于威胁过度敏感。对于这种全方位关照有效的是：哪里有拯救，哪里危险增长。这里涉及身处舒适环境中的操心的增长。人们在高水平上操心自己，而社会阶层越高，陷于操心的程度越令人恐惧，因为人们在此期间已习惯受到溺爱。

一段时间以来，属于全球的风险和属于操心之现实文化的，还有恐怖主义。它是从人的险恶一面出发来威胁人的罪恶。恐怖不具备战争行动的可预估性。敌人无形无影。他突然出现，出手打击。恐怖主义者不仅仅杀戮和破坏，尤其是要散布不安全。他在具体的以及象征性的层面采取行动。这涉及行动自身，然而也牵涉恐怖信息的传播。恐怖主义者生产恐惧——心怀期待，媒体会散布恐惧。其实与阻断传播途径的医学实践类似，散布恐惧信息也该被阻止，但这有违公开消息的义务，大众对于轰动事件的兴趣，以及媒体的商业利益。由此导致了恐怖与媒体的罪恶同盟，而正是后者照料着对于危险的无所不在的感觉。公共广场、飞机场、火车站成为高风险的处所。倘若在我们这里，受到一次恐怖打击的或然性一直还处在一次高额彩票中奖的范围内，那么预防性的安全措施一直在提醒人们，注意无时不在的危险性。操心随着预防增长，而后者限制自由的游戏空间。人们通常愿意付出这个代价。

在歌德的《浮士德》第二部中，操心宣称，**以变化的形象，发挥我可怕的力量**。操心的变化的形象，显示为与将来之清醒考虑过的交往，而那是一种作为风险可能出现的将来。在此，风险增加的自身活力不仅由此产生，即生态学的、经济学的、金融学的和恐怖主义的风险增大，而且风险的定义以及由此而来的对于风险的感知也发生改变。风险最初是危险、损害、事故，它们可以作为无意的、不管怎样一次行动之不得不承受的附带后果出现。但在此期间，风险这个概念的使用范围得到大幅扩展。它不再仅仅涉及某种危险的、孕育事故的行动。即使以一次对于某种职业教育的选择，某人已经承担风险，因为有可能发生这样的事，即他找不到工作。然后被涉及的人，会通过进修措施以及求职训练继续受到资助。倘若他一直找不到工作，就不得不将自己分类为风险事件。

在风险事件中，人的另一个类似变化发生在卫生保健领域。保险公司、医生协会和国家机构竭力要求进行预防性体检。新的风险群组不断被发现：风险怀孕，风险儿童，各种类型的疾病素因等。随着所谓的风险知识的增长，对个人的要求也变得迫切，他们该自己去了解信息，并且容忍预防措施。世人成为一种无序蔓延的、防止风险供给的（Risiko-Vermeidungsangebot）、有义务的消费者。倘若人们不参与，自己就是风险案例，不可避免地将健康视为一种幻想，而这种幻想要归因于这样一种情况，人们尚未足够彻底地让自己接受体检。

生殖医学和遗传学此外还有扩展风险范围的作为。在美国，保险公司已经开始将委托人根据遗传学的预测进行分类，一种以需求为导向的优生学（Eugenik）业已展开。我们还会看到些什么。从基因银行可以购得有专利权的特性。一个生长健康的人的标准得到重新定义，与产前诊断联系在一起，健康概念被推到通往无生命价值之生命范畴的危险临界内，而这种范畴曾被纳粹分子利用。有可能产生一种新的阶级社会，它由受优生学调控的人，以及由自然而成所以低价值地出生的人组成。谁将来想了解自己的身份，得研究那些目录，因为正是借助这些目录，他的各种特性才被一起购置。以后会出现诉讼，由于太不负责任的做法，孩子们将对其父母提出补偿损失的要求。或者，甚至已经出现过这样的事，有些无法应付自己生活的孩子，控告父母没有堕胎。这样的事会发生，即人们对自己和对他人都成为一种风险事件。无论如何，预先操心的一种新类型，侵入人造人的领域。

获得预先操心的生意的保险公司十分专业。在这个商务门类，风险的评估经由一起损失之发生可能性的产品，以及货币上体现的损失金额产生。一个表现为被糟糕地制造出的人，他的损失金额该如何计算？在核工业那里，有可能的损失事故的金额超高（Super-GAU）。它虽然只有一种微小的或然性，但是一旦它发生，达到某种损失金额，就没有任何一个保险公司能对它进行赔付。在此期间，化学和生物技术的工业领域也进入这类无法保险的量级中。

风险计算打开面向将来的一个新通道，也允许对当下进行一次新观察。从在风险事件中发生的可能的费用中，可以计算出每种当下其实有多么昂贵。自从出现对于财政金融的救援保护事件以来，我们知道，比如保存这种巨大的价值毁灭机器，对我们而言具有何种价值：金额高达数万亿。其实人们现在可以决定自己还能支撑多久，或者最好还是转向。在这样的关联中，人们惊讶地发觉，风险观点会有何种摧毁系统的力量。如若在风险的概念场中，人们对将来作出低估、计算、保险、重新分配、转嫁和躲避，人们与之打交道的将来就不得不完全被视为当下行动的产品而负有责任，然后出现的问题是，人们是否有能力承担这样的将来，它是否还能负责。

哪里的风险无法偿付，因而变得无法负责，面对时间中生命的不可担保性，古老的操心问题就在哪里重返。这是命运的一个讥讽，即在可预估性的道路上，不可预估性再次变得有效。在风险管控中被疏散转移的操心，重新登台，就像它最终探访那个十分勤劳、完全沉湎于自己征服世界项目中的浮士德那样：*以变化的形象，发挥我可怕的力量。*

操心无法被拒绝，它穿透锁眼，犹如可能的灾难投下的暗影那样无法把握。*如今空气中充满这类妖魔／谁也不知道怎样才能将它避开。／即使白昼对我们明朗和理性地微笑／黑夜却用梦魅将我们缠绕……*浮士德与操心的丑闻以悲喜剧的方式结束。操心对他吹气，让这个来自德国的大师失明。而他还以为，自己能听见工人的劳作，他们奉命在勤奋地完成他的事业，对土地排水和开垦。其实那是鬼魂们在替浮士德挖掘坟墓。不用多久，他就摆脱了操心。

## 第四章 社会化的时间

钟表测量什么？有规律的运动过程测量无规律的运动过程。钟表作为社会的机构。金钱的时间节奏。时间学科。奇妙的准时性。鲁滨孙的日历。同时性。实时交际。普鲁斯特的电话和来自亡灵之国的声音。扩展的同时性带来的问题。对当下的重新估值和保存下的以往。

无聊的时间，操心的时间——一会儿麻痹我们，一会儿激励我们，一会儿又压迫我们的时间，其自身究竟是什么？

人们可以简单地说：时间就是钟表测量的东西。但是钟表测量什么？它们针对一个表盘上事件的位置的提问给出答案，也就是说事何时以及时间点；或者它们针对一个事件前后顺序中的过程的长度的提问给出答案，也就是说事关多久与持续。以前人们为此援引自然过程，其重复的出现证明一种类似的或者同样的模式——星辰或者太阳或者心脏的运动。这类有节奏的过程，充当时间划分并由此充当钟表的量度单位。但是，比如一定数量的细沙通过一条狭窄的瓶颈，也能充当度量单位：沙漏。再晚些时候，大约自14世纪起，人们开始设计机械钟表，起先是带有摆和摆轮的齿轮钟，然后自17世纪起，有了更精确的摆钟。但不变的是：始终涉及有规律的事件过程，依其帮助，人们测量其他的、不怎么有规律的事件过程。

越来越精细的测量技术带来的结果是，在普遍意识中，时间自身喜欢被人们同测量它的设备混淆起来。时间似乎是某种东西，它如同秒针有节奏地前行。这个表达方式本身易受误解。时间不迈进，相反，流逝，但这也仅仅是个相当无奈的比喻。时间是持续，在这个持续中人们能标记之前和之后，而中间重要的是间歇。为了在一个时间段里拥有什么人们可以计算的东西，必须有事件发生，即使仅仅是钟表的滴答或者任何一类震荡。对亚里士多德来说，事情业已清楚：得发生什么事——只有这样人们才能有意义地谈论事件。不存在一种空洞的、无事发生的时间，一种在其中任何事也没发生的时间。亚里士多德说：**因为这正是时间：鉴于之前和之后的变化的数量。**

时间和数量在亚里士多德那里聚在一起。对他来说，在一个由点组成的可计算的序列中，时间可以描述，而这些点总是处在以前或者以后。倘若时间，按亚里士多德的定义，是这样一种事件在其中发生的媒介，那么这也意味着时间不能被与事件发生所借助的力量混淆起来。这个谬误是语言在我们身上引起的。时间被用作语法上的主语，它做出什么，并且影响什么。语法赋予时间一种创造性的潜能——上帝作为伟大的肇事者和推动者的观念微微闪烁，因为时间不知不觉地被理解为自己创造事件的东西，即以前人们谈及的时间的丰饶角（Füllhorn）。由此，在其中发生什么的时间，与一种自己具备创造性力量的时间的表象融合一处。本书在开始时，已经谈及贝格森的时间哲学。人们尝试把握时间，但仅仅获得理解在其中发生的事件，而因为时间作为纯粹的媒介很难被理解，人们就将它转变成一个行动者，一个人们从来无法直接，相反仅在其作用中理解的行动者。

如果时间本身几乎无法理解，钟表也一样。一旦它们有自己的存在，就会在人的共同生活中形成一种巨大的权力。它们是一种人类之网的协调及组织的社会事实。它们协调社会机构时间上的基准点，首先在局部框架内。不管钟表的时间如何侵入我们的生活，它离经历现象"时间"非常遥远，即使许多物理学家尚未真正理会此点。今天我们使用一种统一的世界时间，而当我们利用时间的同一种计量单位时，就此而言就成为"同时的"。与货币本位不同的是，时区和日界线在世界范围内可以换算为一种统一的世界时，并通过标准秒得到统一。

时钟的时间具有自己特殊的历史。它在细节上已被出色地研究，所以我们可以满足于提醒不多的一些观点，而它们可以突出钟表时间的节奏施予者的社会化作用。在近代，钟表有了统治地位，但古时人们已开始抱怨沙漏或水钟给出的时间标准是强制的革新，它限制习惯的私人生活节奏。测定的时间被视为公众的时间，但在某个地点测定的时间的可比性尚未存在——塞涅卡[1]宣称，**较之于钟表，哲学家们更能取得一致**——钟表的社会统治直到随着面积覆盖的同步性才得到稳固。伴随着运输系统，特别是19世纪铁路的发展，发生了钟表时间之协调的突破。之前那些主权国家已经促成国家空间的均一化，现在时间的均一化已完成。英国在19世纪末引入格林尼治时间（GMT），一种统一的钟表时间，按伦敦天文台所在地的城区命名。之前每个地方都有独自的地方时间，而人们可以生动地想象，农村人最初会如何对此提出异议，因为他们突然得以伦敦时间为准。但是，如果缺少对于一种共同的钟表时间的社会统一，就无法存在调整好的行车表。直到现在时间才真正社会化，起先在不同地区，然后在世界范围内带来统一的标准统一，人们一致同意本初子午线为时间轴，从此出发人们可以确定各个地方的时间。

一方面是借助统一的钟表时间的"时间的社会均一化"。另一方面是可以由此给予事件和活动某个时间点。换言之：只有现在——人类历史上的首次——准时性的奇妙的现象才能形成。

---

1 / Lucius Annaeus Seneca（约公元前4~公元65），古罗马哲学家，悲剧作家。

也就是说，钟表对社会的时间经济学进行革命的杠杆，一是运输系统，二是机器。在较古老的手工业中，人们可以自己分配工作，但是工厂工人必须按照蒸汽机的节奏工作。这迫使人们准时，不仅准时到小时，而且到分钟。19世纪英国的工厂工人在骚乱时不仅砸烂他们工作用的机器，而且砸烂工厂设施上方的时钟。他们的愤怒针对无处不在的，同时也是一种深入控制之象征的时间测量器。不过，时间对于工作进程的统治并未由此中断。恰恰相反，伴随着时间掌控的泰勒[1]系统（tayloristischen），它还得到完善。由此，有机的运动进程应与机器过程的行进无缝衔接：生命时间无情地转变为机器时间。每种无足轻重的时间储备，隐藏的间歇和迟缓被发现，并且通过合理化改革而去除。在机器过程和生命过程之间，不再应有任何摩擦，而且应以此方式从工人身上获得最大值。在大工业时代，这种机器时间为社会总体以及个人规定时间节奏。这种机械化尔后成为一种意识形态，甚至面对最自然的过程也不停止：新生儿常年地根据一种由钟表规定节拍的喂养节奏得到照顾——一条迷途，在此期间重被离弃，而另一方面对身体功能的持续的（自我）测量恰好变得时髦。

---

1 / Frederick Winslow Taylor（1856~1915），美国管理学家、机械工程师。20世纪早期，美国"效率增进运动"领导者之一。

也就是说，钟表不仅展示什么，而且一直作为标准生效，作为行为控制运转。起初那些最大和最漂亮的钟在教堂钟楼上闪闪发光，并从那里将其警示的信息传给世人。然后我们在火车站和车间里发现它们，最终它们出现在大多地球居民的手腕上。此刻大家都能知道——尤其是：大家必须知道——钟敲几点。钟表——作为时间敏感性和时间纪律——为此操心，让时间深深地嵌入有意识的和无意识的生命里。这类时间纪律的内在化对诺贝特·埃利亚斯[1]来说是一种出色的例子，说明文明进程究竟如何促使世人将陌生强迫转化为自我强迫。钟表那指挥交通和工作的公共时间，内在化为时间良心。

钟表是时间社会化的一个机构，另一个是金钱。金钱对于直接消费的时间上的推迟是一种手段。在以钱易物的交换中，当下消费的狭窄范围被破除，经选择的一条完整的地平线开启：货物和劳务，在远近的将来可以用钱换取。这样的金钱只有产生自社会的相互作用，而它打开的将来，同样完全由社会决定，涉及一种金钱在那里也有效的将来。倘若人们细细忖量这个金钱基础是如何脆弱，可能身上会起鸡皮疙瘩。金钱不是天然的有效，而是必须获得承认。要是它突然无效，一切会像一

---

1 / Norbert Elias（1897~1990），德国社会学家。

座纸牌屋崩塌。"上帝死了"的信息至今很好地活过了这个世界,但是,作为文明的"金钱死了"的信息是否能活过这个世界,仍然很是问题:许多事预示着,从社会生活的两个基本虚构中,不是上帝,而是金钱更难缺少。

金钱是一种社会的结构,一种"某物(Etwas)",其自身不具备物质的价值,但代表一种价值,以此可以购置现实的货物。倘若远处的硬币让人记起具有现实的等值的金币,那么作为变成许诺之纸的纸币,几乎不再持有这种假象,更不用说现代的记账欠款,它仅仅漂浮在一个语义的空间:金钱保持自身,因为只要它被承认为金钱。借助金钱人们可以为了将来替自己许诺什么,当然仅在其有效范围内,在有关的和社会的游戏场上。不过众所周知,不断会出现这样的情境,游戏在其中虚脱,一次巨大的通货膨胀突然让钱贬值,金钱和货物的交换节奏中断,一切经济活动陷于停顿。此刻金钱的将来允诺光芒褪去,成为一块铁片,一张纸,或者一件电子的"某物"——而这一切不再有任何意义。不过,只要游戏还在持续,亦即金钱仍然意味着什么,它就证明自己是经营将来的工具。只要金钱依旧有效,它也是以往的一面镜子,因为其价值表达含有对已做工作或者已用金钱所换货物的某种量值。也就是说,金钱从两方面打开时间视野,返回以往和面对将来。借助完全是当下的金钱,一种以往被与一种将来一同结算。如此说来,金钱往来始终是一种借助时间的交易。因此金钱与钟表一起,规定由社会确定的时间节奏。

时间体验的这种印记在社会活动中的表现是有问题的，这种内在的时间体验是否真的——犹如康德以及与他一起的整个哲学传统——属于意识之先验的基本装备，或者不首先是社会的时间纪律化的一种后果——犹如诺贝特·埃利亚斯所推测的那样。无论如何，社会化的人体验的时间，首先总是某种社会的东西，甚至当他觉得自己暂时与时间分离时，犹如鲁滨孙·克鲁索[1]。

丹尼尔·笛福小说中的这个乘船遇难者漂流到南太平洋中的一个孤岛上。他认真地记录下日期，那是1659年9月30日。他最初采取的措施之一是制作一本日历，仅仅是因为能按时保留星期日，并给予生命一种内在的、与深爱的英格兰家乡之社会生活的时间秩序互相吻合的秩序。也就是时间纪律，以便不野蛮化，能与来源世界，社会及其上帝保持起稳固作用的关系。倘若鲁滨孙使用他自己制作的时间测量仪器，他就在令人安慰的意识中与公众和社会的时间建立联系，不完全脱离文明化的世界。处理时间的神秘性，那并非他的事。孤独的鲁滨孙有那么多的时间，但值得注意的是，他显然没花时间去为时间的神秘性绞尽脑汁。英格兰的常识给他足够的陪

---

1 / Robinson Crusoe，英国小说家丹尼尔·笛福《鲁滨孙漂流记》中的主人公。

伴。无法想象一个克尔凯郭尔被弄到这样一个岛上。那样的话，还有什么关于时间之深渊的事我们不会知道！孤独的鲁滨孙数着日子和小时，知道其他地方有同样的日子和同样的小时。这样的幻想的同时性安慰他，但他显然无法经历这样的时间。

直到 19 世纪晚期，超越空间距离的对于同时性的集体经历尚受着根本性的限制。随着电报和电话技术，最终还有电视的出现，首次在人类历史中可以真正经历空间远离点间的同时性。

同时性的出现具有震慑性效果，正如人们从来自电话时代早期的一次著名描述中可以知道的那样。1890 年前后，在巴黎大约有 3000 个电话接口。当马塞尔·普鲁斯特[1]从枫丹白露的大酒店首次与母亲通话时——对他来说那是个无法抹去的，在其《追忆逝水年华》中多次被处理的经历，而玛德琳小蛋糕就是一个关键场景。而在"盖尔芒特家那边"，外祖母同当时逗留在栋西埃的叙述者马塞尔建立电话联系。当远处被爱者的声音盖过嘈杂背景，突然冒出听筒并响起时，被描述的是**值得惊叹的和童话般的过程**。远处人的声音，甚至比眼前坐着的一个人的声音更加清晰。叙述者猜测，这里的原因可能

---

1 / Marcel Proust（1871~1922），法国小说家。

是，声音未被相貌印象覆盖，被从平时发出声响的空间中清除。声音摆脱了一般生命的外罩。一个声音不知从何处，从亡灵帝国那里出发找到他。这种幽灵般的接近让叙述者感到哀伤，这样的同时性让他感到恐怖。无论如何，事情犹如发生在童话里或者发生在神话的远古时代。接通电话的接线员小姐从线网深处对他呼喊：**这里是电话局！这对他来说产生的影响无异于无形人的徒劳无益，他们不停地将声音的票箱清空、充满和互相传递。**普鲁斯特其实是这方面的大师，能够经历并且描述身处其时空氛围中的人物，但电话场景苛求他去经历裸体的、脱离一切历史和挣脱一切氛围的人物。所以有了**与我在白天感到的完全类似的害怕，因为人们对那些根本无法回答的人说话。**

普鲁斯特还足够地接近这个重大的转折，能感受这个过程的可怕处。那时，由空间距离保护的自身时间的范围，突然崩裂，远方来到一个人的身边。不过让他自己也感到惊讶的是，他很快适应了匿名在场的这种类型，因为当**这个值得惊叹的、童话般的过程未足够快捷地起效，人们不得不等待联系的建立时，叙述者变得不耐烦。**

就是我们也早已习惯这个实时交际。人们得经常不断地让自己意识到，这样的可能性还多么年轻。以前人们在每个空间点上被包括进当时的自身时间中。当人们获得关于一个遥远地区发生之事的信息时，事情早已过去。同时性仅涉及人们能直接经历和鸟瞰的范围，即人们确实在场。边界以外仅存在迟到的不同层级。一个当下的小岛,四周被以往的大洋环抱。当席勒[1]听说法国国王有被审判和处死的危险时,他想去巴黎,以他自己的性格要慷慨激昂地劝说法国民众。当他准备实现自己的打算时,不得不获悉,事已太迟。国王已被砍头。当时人们从未身处时间的高峰,事情总是太迟。这有它的好处。空间距离虽然让交流变得迟缓,但也保护人们免受其侵害。那时,极端和层级繁复地围绕着个人的身体中心建立起来的感知视野的系统,尚未受损。不过今天,它早已解体。遥远以其骗人的临近纠缠我们,而这同时性——以前我们通过空间距离受到保护并免受其害——强行进入我们的自身时间。

以前那迟到的被传播的事件有足够的时间与幻想和阐释建立联系。当它到达之前,会得到多重的处理。因此遥远的事件从不丧失其遥远的特性,恰恰因为漫长的转送路途使它增加了自己的重要性,并且接纳传奇和象征的特点。转送这类遥远的特性,首先是语言。语言是将遥远的点互相联系起来的媒介。但是语言的代表,保护被代表者的遥远,它由此在转送遥远的事件时保护光晕(Aura)。根据瓦尔特·本雅明[2]的定义,这能被理解

---

1 / Friedrich Schiller(1759~1805),德国诗人,哲学家,剧作家。
2 / Walter Benjamin(1892~1940),德国哲学家,文艺理论家。

为一种遥远的一次性的显像，不管它如何的近。

在此期间，在实时里通过交流建立一种同时性，是现代世界的一种基本特点。倘若临近和遥远在人为的扩展的感知视野中互相混淆，习惯于传统的空间—时间—协调者就会受损。这个过程的成问题性早在200多年前已被歌德预知。他在《威廉·迈斯特的学习时代》中这么说：人被诞生在一个狭小的环境里；他能理解简朴的、附近的和确定的目标，他习惯于利用立即到手的手段；可他一旦来到远方，既不知道他想要什么，也不知道他该要什么，他是被一大堆事物弄得六神无主呢，还是被这些事物的崇高和庄严弄得魂不守舍，这完全是一回事。倘若有人促使他，去追求某些东西，而他又无法通过一种正常的自主行为，将这些东西与自己联系起来，这总是他的不幸。

歌德在此，同往常一样，说到点上。我们的感官具有一种有效距离，个体能够负责的行动也有一种有效距离，即一种感官范围和一种行动范围。很简单地说，魅力不管怎样必须被引离。最初以一种行动—反应的方式：行动是对于一种魅力的减轻负担的回答。所以，我们在其中感知魅力的感官范围，以及魅力在其中得到引离的行动范围，最初互相协调。这有效于一种人类学的基本关系，而在这种关系中世人尚未通过感知增强器的发展，如此持续地扩展其感官范围。电信媒介不是别的什么，而是扩展感知之有效距离的假肢。它让大量魅力和信息，戏剧性地穿越可能的行动范围，成为现实。以这种方式人为的扩展的感官范围完全脱离了行动范围，其结果是，行动着的人对扩展了的感官范围中的魅力不再作出适当的反应，无法以行动排除刺激。一方面个体的行动可能性下降，另一方面膨胀的信息和图像洪流的无情的逻辑又提升刺激的供应。情况就是这样，因为刺激的提供者为了大众身上那种紧缺的"注意力"而竞争。其间，业已习惯轰动消息和对此有瘾的大众，要求刺激的一种更高剂量。代替行动的排斥：引进刺激。

人们当然自问，魅力可能会怎样，倘若它们无法通过合适的行动得到排遣。人们会变得冷漠、迟钝。但持续的刺激会留下痕迹，它们在我们身上的某个地方储存，形成一种带有自由灵活的接受刺激准备的骚动病灶，而它与各自的对象仅保持松散联系。一如歌德断言的那样，人们**神情涣散**：人们陷入一种始终有接受刺激准备的状态，贪婪地消费轰动新闻的密集炮火，隐隐地变的歇斯底里和惊慌失措。由此，一种全球化现实的纠缠不休的当下，作为刺激剧院而产生。其实那不是剧院，而常常是充满血腥的紧急，但由于虚假的临近所促成的距离的"去距离化"，事件不可能是别的样子，而只能被当作剧院被感知。因为没人能一次性地忍受如此多的紧急情况。这也造成某种政治的道德主义，一种"远视（Fern-Sehen）"时代中的"远伦理（Fern-Ethik）"。关于同时性的媒介时代中的交战的变迁，已有许多文字。所以这里仅满足于以下所指，即减少地面接触的交战——

火箭、炸弹和无人机的使用——表现了与电视软椅中道德责任心的实际相适性。那里虽然根本不再存有地面接触，但能更投入地采取道德站边。所以，电视条件下的战争创造了居中的战场漫游者的新类型，他了解全球信息，站在道德制高点，实际上却一无所知。如此众多的全球的当下根本无法合适地想象。所以新的程序形成，它们允许技艺高超地与临近和遥远，与自身和庞大的整体打交道，轻松地变换规格。作为有操心准备的人，学会现在也为行星的将来操心。全球的威胁背景——从气候灾难到人口过剩，从世界范围的恐怖主义到养老金的筹资黑洞——不再仅是每位个人，或者在一目了然的共同体中所能了解，相反，它以介质反馈的同时性成为我们共同经历的当下。

这导致当下的一种升值。当下难道不总是紧迫的？不，它并非如此。有这么一个时代，比如一直延续到近代早期的欧洲中世纪，以往在那时如此地占有优势，以至于那时的当下被感觉为短暂，对其自身的意识几乎没能发展。人们觉得自己是来自另一时代之剧本中的木偶或者皮影。人们生活在一个回声空间，它发出起源和预言的回声。莱因哈特·柯赛雷克[1]有一次令人印象深刻地

---

1 / Reinhart Kosellek（1892~1940），德国历史学家。

用阿尔布雷希特·阿尔特多费尔[1]1529年关于公元前333年亚历山大之战的伟大历史图像对此进行说明。图画给出了巨大战场起伏的瞬间影像，带有数百个精细描绘的单个人物，按古代编年史，即按尝试用语言追述和固定的文档制作而成。缺少图像自身具有的解释，人们根本无法看出，这里事关那场著名的、波斯帝国在其中走向没落亡的古代战役。图画中描绘的波斯人同样可以是土耳其人，他们在图画产生的那一年，徒劳无益地包围维也纳，而被描绘的希腊军队首领，与当下的君主和骑士别无二致。但事情并非如此，即当下如此自高自大，因而将以往塞入戏装。相反：古代在现代中返回。天空底下无新事。在针对土耳其攻击的、当下（1529）成功的自我保护中，几乎1900年前的伊苏斯（Issus）事件重复自身。当下并非完全具有当下性，以往过于执拗地突入当下。而将来也是这样。《亚历山大之战》虽然事先描绘了维也纳外围的当下战役，但它同时也是对在《启示录》中预言的基督和敌基督终结之战的一个序幕。由此说来，每个当下从开头以及从末尾来看，完全受控，面对过于强大的以往和一种同样过于强大的将来，它都几乎无法展开自身。

---

1 / Albrecht Altdorfer（1480~1538），德国画家。

此外近代之前重要的始终是，将一种革新当成重建展示。甚至文艺复兴也同样如此。它带来如此多的革新，但相信自己处在返回起源的归途上。在以前的时代，新事，而非旧事的继续，有说明理由的义务。而后者起先就是这样理解自身。今天则相反，首先得为自己辩护的是传统，而非革新。社交网络，亦即地平线越是紧密和展开，每种新事件面对以往和将来，亦即垂直线就越是占优。以前人们模仿以往或者理想化的观念，今天模仿当下。即使储存媒介也促动解除以往的权力。它们记录下独一无二的事件作为影片、照片或者录音文献。在此，时间流的不可逆性似乎被逐点取消。一次瞬间的事件发生可以重制。这对直接体验的现实来说具有后果。我们也许将无法再倾听一次音乐事件，这个被制成可以听闻的时间。而以前的人必定估计到，他们参加的是个独一无二的、无法重复的事件。储存媒介以前也曾有过——乐谱、书籍、信件、图画——但因为它们数量稀少，产生的是光晕式的、间或甚至庄严的、无论如何并非日常的作用。但是，现代技术让日常的再生产变得可能，其后果是，独一无二的光晕的消失。我们手触重复键，完全理所当然地生活，一种感觉悄然而至，似乎那无法唤回的流逝的生命，其实可以重复。

技术的可以复制时代中的以往，我们稍稍改变一下瓦尔特·本雅明的表达方式，成为某种人们似乎可以随心所欲再现的东西。这也有助于提升当下的价值。不过，也许当下如此可怕地看重自己,因为今天在同样的时间里,与以前全部历史相比,总体上生活着更多的人:与人类历史的死者数目相比,活着的人首次占据多数。

让我们总结一下:社会化的时间意味着当下的篡权,意味着储存以往,经营将来,给当下铺上一张时间调节的、孔眼紧密的网络。社会地产生的时间压力会增强。倘若时间压力增加,给人施压的究竟是什么?加速来自何处?

# 第五章 管理的时间

受制于时间计划。倘若时间紧迫,救世史的、历史的和资本主义的。负债和信贷。金融经济的时间。加速。不同的速度。极速的静止。铁路。当下对剩余时间的攻击。浪漫主义的批评:飞速的时间转轮。

我们今天生活在严格的时间政体下。精确管理的工作时间,闲暇时间,上学和培训时间。交通和生产中精确协调的时间计划。在每件事上得注意期限,特别在考试和借贷方面。在竞争经济中,重要的是赢得时间,更早地携带新产品进入市场,更快地实施革新。时间交织的网络变得紧密,个体感到被捆绑在时间计划中,自己制订的和旁人制订的时间计划。人们被迫不停地想到时间,如何最理想地利用时间,哪里能节省时间,是否允许自己赠送别人时间。在这样的时间压力下,时间转变为某种类型的客体,人们可以犹如像一个对象那样处理它,途径是分配、挥霍、利用和管理时间。那是一个尤其紧缺的对象。

时间紧缺。时间怎么会变得紧缺？时间自身不可能变得紧缺，它仅在与某种打算的关系中变得紧缺。每种活动、每个事件需要某种时间延续。倘若为此能支配的时间太少，因为比如同时还有其他事情和事件需要时间，时间就变得紧缺。它也可以这样变得紧缺，而这是最经常发生的情况，因为人们没有准确地估计好一种打算所需要的时间延续。无论如何，紧缺并非时间的特点，而是人们在管理时间时发生的问题。时间紧缺是人为的，它不是日期，而是——在词的本义上——一个事实。时间紧缺是人们如何将时间纳入社会的系统和在那里进行处理的一个后果。时间变得紧缺总是仅对行动而言，而时间紧缺仅由行动引发。倘若在雷阵雨到来之前收好干草的时间变得紧缺，那么原因实际上不是雷阵雨，而是恰好同一时间的收获计划。倘若为了利用某个时空产生竞争，比如一个医生诊所的开放时间被过多的病人占用，时间也会变得紧缺。在行动系统中出现的时间紧缺性，正是从时间的物化一直到时间变形为一种商品的后果：时间似乎是一件紧缺的财物，人们想尽可能昂贵地卖掉它，人们也可以犹如对待其他资产那样，让它变得紧缺，以便提高价格。

在由社会管理所制约的时间紧缺中，也许隐藏着这个存在主义的问题，亦即这个状况，世人肯定觉得自己的生命时间紧缺，因为他知道，时间由死亡所制约。他通常有不断增长的打算，而实现这些打算的时间却没那么多。在古老的神秘剧中经常有变化多样的滑稽场景，展现死神如何来到每个人身旁，而后者着急和害怕地解释，他还没时间去死，他还有许多事要处理。

这个由社会制约的时间的紧缺性，对日常的感知来说，掩盖了这个存在主义的问题，以至于它无法间接地但也再次地进入意识。因为世人不怎么喜欢记起这个最后通牒般的期限，就心甘情愿地让自己受到自我设立的期限的驱赶。有人说，我想有那么一次为自己取得时间——但马上又停止，转向他日常的工作。为什么？也许正因为现实情况本身让人分心，因为个体更接近生存，所以让存在主义的期限更清晰地透现。倘若世人不愿想起自己的死亡，就该小心地对待为自己赢得时间的尝试。异化（Entfremdung）保护世人不受存在论的伤害，所以海德格尔相反也将朝向死亡的前行解释为本真性的一项伟大成就。无论如何，有效的是一种规则，按照一句提示诗，是这么说的：**人们大多看到 / 生命的期限 / 但面对完全的日常期限 / 却看不到它。**

至此谈论了在当下社会系统中的时间紧缺，以及作为存在主义的问题的时间紧缺。不过，回顾以往的世纪，我们还会发现时间紧缺的其他两种形式，它们目前不怎么引人瞩目，但下意识地继续发出其影响力：在对历史和圣灵史时间（heilsgeschichtliche Zeit）的理解中的时间紧缺。

从圣灵史开始，根据基督教信仰，就涉及直到我主返回和世界审判我们还留有的时间。这个时间本身之所以紧缺，因为人们不知道，我主何时来到。保罗（Paulus）告诉我们，基督突然和出乎意外地来到——*犹如夜里的一个小偷*。对原始基督教文化来说，有一个临近期待，人们估计到不久的返回和拯救。候诊室里的故事是，门每时每刻都可能打开，人们会被叫进诊疗室。为了属于被选中者，有人提议，将自己的时间用作彻底的内心皈依。

这是转世论的时间紧缺。即使临近期待落空，基督教的西方世界不得不将自己调整到拯救期待的期限取消上，在这样的时间紧缺方面，原则上也不会有任何改变。即使是在这样的情况下继续存在这样的要求，为了灵魂的拯救利用生命时间。为此，时间始终紧缺，因为人们不知道，自己何时会走到终点。所以，早在工业时代中经济的时间政体存在之前，已有一种拯救经济的时间政体，同样带有严格的浪费时间禁令。借助基督教新教的、信仰世界的内在化，其甚至提高了时间敏感性并加强了时间良心。对长老会信徒（Presbyterianer）来说，浪费时间是一种重大罪恶：为了"确定"自己被召集到神恩位置，时期无限短暂和珍贵。由于社交，"懒散闲聊"的奢侈而造成的时间损失，甚至由于超出健康所必需的睡眠，道德上完全是卑鄙无耻的。马克斯·韦伯[1]将这种为

---

1 / Max Weber（1864~1940），德国社会学家。

圣灵史所制约的、针对时间浪费的反感，解释为近代资本主义节约伦理的精神前提。

也许在今天针对时间浪费的反感中，还留存这种圣灵史印记的残余——一种古代焦虑的余震，而在此期间这种焦虑完全具有此岸性。尼克拉斯·卢曼[1]曾经指出这种特性，即尽管不再有世界末日和世界审判的威胁，这种焦虑还是得以留存。他的结论是，时间富裕的想象之所以必然表现为*被禁止，而且道德上被禁止*，是因为它与现代社会的结构性要求无法保持一致。即使不是灵魂拯救面临风险，人们也一直可以失去时间，而这足够糟糕。卢曼说，我们今天生活在一个*目标易变的速度意识形态*的时代。目标无所谓，要紧的是，快速达到目标。

为了目标明确的历史进步过程，近代重新解释了古老的圣灵史。伴随着机器时代的启动，人们开始将历史彻底想象为某种机器，它完全按照规律运行——生产一种进步，只要人们懂得正确地使用机器。历史破天荒地显得可控。从中产生出时间紧缺的新变体。人们如何服务于进步，如何尽可能地提高进步的速度，要克服和忍受何种试图阻挡进步的力量——这是有历史意识的行动者眼下给自己提出的问题。时间紧缺，人们现在可能错过历

---

1 / Niklas Luhmann（1927~1998），德国社会学家。

史，犹如错过一次火车。即使人们依赖历史的逻辑，也一直被要求当新事物的助产士。人们不得不在正确的时刻机智果断地到场。即使面对历史的机器节奏，有效的也还是使自己适应。法国革命中的罗伯斯庇尔[1]和俄国革命中的列宁[2]通过指出时间紧缺说明自己的理由。他们施行的恐怖，在这样的观点下也是节省时间和加速的一种方法。那是简短过程的革命的时间经济学。罗伯斯庇尔让断头台工作，而列宁发布枪毙命令。米哈伊尔·戈尔巴乔夫[3]之后将此后积累起来的意识，以这样的话准确表达出来：**谁迟到，生命就惩罚谁。**

为革命而工作的时间，有自己的兴盛期，它不时地聚集在革命的时刻上，聚集在给大胆的动手提供有利的机会上。在古希腊人们称有利时刻意义中的时间为契机（Kairos），并用图像将其描绘为一个脑袋，带有得被机智果断地抓住的额头鬓发。革命经常是在时间匮乏条件下血腥的、对历史进行提速的手段。在坚持变得有义务说明理由及只有改变和革新成为不言而喻的那类情况下，

---

1 / Robespierre（1758~1794），法国革命家，法国大革命时期的重要领袖。
2 / Lenin（1870~1924），俄国革命家，十月革命领袖。
3 / Michail Gorbatschow（1931年至今），苏联最后一任总书记，总统。

对一个寄希望于变化的人来说，事情总是不够快。

伴随着法国革命，古老的欧洲被一种历史的加速攫住，而这种加速又引起一种新的政治风格。政治，迄至那时仅是宫廷的一种特长，现在对市民和农民来说成为心愿。人们对此抱有个人解放和社会改善的希望，而且这要尽快地发生，最好在自己的有生之年。人们得弄清，这种历史的重大转折，其结果是怎样一种政治的强烈加速。以前由宗教负责的意义问题，现在转向政治。那些所谓的最终问题，转变成日常政治的任务：**自由，平等，博爱**，是一种几乎无法否认其宗教起源的政治口号。现在是政治，是它许诺某种拯救。直到法国革命，历史对大多数人来说是一种懒散和缓慢的事件，会被一些犹如自然灾害那样侵害世人的、天意所定的湍流中断。直到随着1789年的事件，关于历史之可操作性的幻想才大量出现。命运无非是政治，拿破仑宣称。政治在一种环境中成为加速的马达，而在这种环境里，平时经济的、社会的和技术的发展，以一种迄至那时无法想象的规模和速度进行提速。

在马克思和恩格斯的《共产党宣言》里，可以找到在此期间市民世界这种提速激情的经典表达：生产的不断变革表明了时代的特征。一切固定的僵化的关系以及与之相适应的素被尊崇的观念和见解都被消除了……一切等级的和固定的东西都烟消云散了，一切神圣的东西都被亵渎了……自然力的征服，机器的采用，化学在工业和农业中的应用，轮船的行驶，铁路的通行，电报的使用，整个整个大陆的开垦，河川的通航，仿佛用法术从地下呼唤出来的大量人口——过去哪一个世纪料想到在社会劳动里蕴藏有这样的生产力呢？

这里表现的是一种加速动力学，它不是——比如像救世史和进步史（Fortschrittsgeschichte）的规划——出自一种目标规定，而是在某种意义上作为生产过程的逻辑在行动者背后活动。这种逻辑可以这样描绘：以前的满足需要的经济，在工业时代被由资本利用推动的经济过程替代，而这种过程引发一种巨大的加速动力学，因为被投入的资本在竞争中必须尽快得到回报。只有这样人们才能面对竞争者保存自身。重要的是时间的领先。在此，资本主义的经济在许多方面建立在对这些时间领先的利用上，而这种时间领先具有如此重要的意义，以至于卡尔·马克思能够提出直到今天还有效的断语，一切经济最终成为时间经济。受雇者将他们的工作时间和技能出卖给资本，在与机器的运转时间和效率的联系中形成生产力的提高。如此，时间进入经济的系统，转变成一种能被估算和买卖的价值。时间成为商品，时间是金钱。因为生产力的提高创造竞争优势，途径是人们更便宜和更快，可能的话携带革新产品来到市场，就会产生一种经济的、对于在生产方式和交换产品方面的加速的强制。人们也会顾及，减少产品寿命。所以，属于加速经济的还有一次性经济。加速引起巨大和持续膨胀的垃圾波浪：生产将在它那里已是以往的东西——正是垃圾——不仅抛在身后，而且推到身前。我们的以往——作为垃圾——也是我们的将来。

也就是说，在将来堆积的不仅是垃圾，而且还有还贷日期。贷款是加速的另一个要素。

借贷当然一直属于商业。它让经济活动和消费变得可能。信贷制度以其重要意义，是与将来的一种交易。循环的信贷资金至今建立在一种价值创造的基础上，而这种价值创造必须在某个时刻业已发生，所以能为负担以后的计划提供支配。也就是说，它建立在以往的一种价值创造上。早就有人一直在用这种价值进行投机，也就是说：有人借助将来可能的价值提升做生意。比如泰勒斯[1]这个西方哲学之父，曾依靠气候观察和天文学的计算推测一种高产量的橄榄收成，并借助贷款租借大批榨油机。推测成功：收成很好而榨油机变得如此紧缺，以至于转租榨油机的泰勒斯做成一笔好生意，成为一个富人，并由此证明，他不仅在哲学上，而且在生意上也能出色地推测。

在推测的领域，新近发生了戏剧性的变化。之前有过节约资本主义（Sparkapitalismus），正如拉尔夫·

---

1 / Thales（约前624~前547），古希腊哲学家。

达伦多夫[1]所称呼的那样。伴随着新近的借贷资本主义（Pumpkapitalismus），舞台已经逆转。而现在，涉及价值创造，从以往调整到将来，大规模的贷款被注入系统，而它们在一次业已完成的价值创造中没有任何基础，相反建立在一种期待的价值创造上。将来于现在被消费和被投机。循环的所谓金融产品，它们在最近的危机中已经几乎让金融系统陷于崩溃，并非真正的产品，而是出自期待和允诺的一个蛛网——幻象和幽灵并非来自以往，而是来自将来。人们消费将来，就像人们也在发行国债和毁灭环境时那么做的一样。人们将国债和环境毁灭犹如有毒的垃圾和尚未支付的账单那样留给儿孙。**现在消费，以后偿还**的行为攫住所有公民，让一个巨大的贷款市场变得可能。在那里，行动者能够用不属于他们的，其实根本不存在的钱来生钱。

这类生意的崩溃不是别的什么，只是一种价值调整的危机。人们发觉，在系统中流转的价值，早就没有这么多——而这种认识犹如戳破一个气球般生效：空气溢出。人们可以说，在危机中将来回击，撕开大洞，金融经济在这样的危机中，重新有消失的危险。人们可以空间地转嫁费用和危机——比如作为垃圾转入第三世界——但同

---

[1] / Ralf Dahrendorf（1929~2009），英籍德裔社会学家，哲学家。

样也能将它们转移入将来。这以一种令人恐惧的规模发生了,而且还在发生。金融经济以清除废料的问题给大众造成负担。人们安排金融的垃圾堆放,即所谓的坏账银行,它们——与核垃圾相似——以后会带来一些困难。

在金融危机时,被理解为时间管理的危机,戏剧性地展现的是,我们生活在一个不同速度的社会里。金融经济中做成生意的时间节奏非常之快,并要求反应迅速。金融市场上自动化的交易在此期间接近光速。比如能提早千分之一秒获得关于失业率统计、利率或者竞争对手的计划或行动等重要信息的服务器,会在自动化的投机生意中占据优势。但是,这一切与负责的企业行为不再有任何关系。关于整个国家金融命运的决定,能在市场的这种盲目飞行中作出。与此不同,普通的贷款人和储蓄者恰恰从容应对。大人物在紧密联系的拥挤中进行全球的操作,小人物则在一个地方的、一目了然的区域内。在一些人那里事关利润率,在另一些人那里涉及养老金、自有住房以及其他自身的安全网络。在作用范围的接触点上会发生企业事故。这个人根据古老的习惯,以忠诚和信仰经营管理,但另一位同伴此刻在某些疯狂的生意中被清出市场。经济学家们发现一个同步问题,不动声色——也许为了掩盖事情的结果,是大人物靠小人物发财。下面的人还不知道,上面究竟发生了什么,尤其不了解:能有多快。但同步问题并非小事,相反对系统的功能提出质疑:倘若在短途交通中,在一个快速的大站快车交通线上失去赢得的时间,事情也许无足轻重。但是在技术发展和培训关系中的同步性问题却是灾难性的:知识和技能不断快速的老化。生活经验被贬值。有人说,人得灵活和不停地改学专业。经典的工作履历几乎不再存在;今天一份履历拥有为多种工作履历的填写而留下的位置,即估计到失业的空白时间。

面对工业的发展和市场上的运动,至少政治也吃亏受损,因为它不足够的快。为经济活动和社会进程建立一个稳定的框架,变得越来越困难,尽管有着大量法律规定,而人们半心半意地尝试调节这种发展。

相对于革命的机器节奏,经济反应快捷,而政治的决定来得缓慢,尤其当它们该民主地完成时。比如以一种自由贸易协议的美名,独立于国家的法律体系在很大程度上被秘密引入,一个越过其时间需要、意欲取消民主的过程:时间紧迫,为了贯彻这更好的事,时间被勉强分配,需要一些勇气,为某些具有重大影响力的决定——把时间留给自己。

消费更多将来的、普遍的加速,具有佯谬的作用,即它让时间视野变窄。它将人们的注意力引到今天的问题上,而非明天或者甚至后天的问题上。生产和消费速度的提升,以及与此相连的风险进入将来的转移,其实必须通过一种减速、迟缓和朝向持久性的趋势得到平衡。但在西方工业国家里没有发生这样的事,其原因也许不是在生物学的再生产率下降的社会里,最终用户的心态扩展。他们显然不愿推迟什么，因为他们向当下期待一切，对于后代他们无需作任何考虑。在一种平庸的意义中，对他们有效的是最初含义有些不一样的、歌德的浮士德的名言：**分摊给全人类的东西，/ 我要在我内在的自身中享受。**

事情显现，在加速的社会里二者都有发生：人们带着影响力远远地涉入将来，同时又在将来之前退回进入当下。人们想华丽地装备它，以便针对一种有威胁的将来，把它密封。将来从未像今天这样离我们如此之近，而且以自己生产的风险的形体。这一点在第三章论操心的时间的章节里已有论述。在越过风险的绕道上，将来到达当下。黑尔加·诺沃特尼[1]写道：**人类行动的环境拆毁，成为反作用于当下的时间拆毁。**人们可以说，加速如此之快，以至于将来总是早已开始。

当这种加速的生活方式以及与此相关的时间体验还是新的时候，格奥尔格·齐美尔[2]在**神经生命的提升**的概念中，尝试把握它。**魅力的数量在增加，而这些魅力同时并以紧密的顺序侵犯个体，而他不得不以某种方式对此作出反应。随着走上街头的每一步路，伴随着经济的、职业的和社会生活的速度和多样性，个体发现自己**

---

1 / Helga Nowotny（1938 年至今），瑞士社会学家。
2 / Georg Simmel（1858~1918），德国社会学家，哲学家。

面临新的任务。齐美尔有言，很简单地说，需要花费更多的意识。为何是更多的意识？难道感情和习惯不总是对减负已有准备？恰恰这点就是问题，齐美尔说。加速的结果是，我们没有足够的时间去习惯快速的转变，灵魂无法跟上，因为它跟随一种缓慢的时间节奏。担此重任的因此是意识，这个之上的、所以更灵活的、不间断地受到刺激的层面。而灵魂的比较无意识的层面虽然被置入不安，但没找到其本真的生命要素，这个*不间断地去习惯的安静的平衡*。

在关于加速的言说中，人们得清除一种很容易悄悄溜进的误解。正如时间很少能自己变得紧缺一样，它也无法自己加速。是时间中的事件和事件发生的过程在给自己加速。加速的印象也会产生，要是在一个时期内不同事件和信息的数量及密度增加的话。社会学家哈特穆特·罗萨[1]给出生命速度之加快的一个有用的定义：他写道，事关一种*每个时间单位的行动／或者经历插曲*。

对于世界的介质的体验，之所以已经造成加速的印象，是因为根据定义，*每个时间单位的经历插曲的数目在增长*。不过，因为这些经历确实仅仅留存为*插曲式*

---

1 / Hartmut Rosa（1965年至今），德国社会学家。

(episodisch),因为它们大多不再得到加工和不再被统一到个人的体验中,而这些经历保持为肤浅的,不具备持续性,会像一个幽灵那样消失。这对介质的经历来说几乎普遍有效。人们认识电视的悖论:晚餐后坐在电视机前,人们通常会忘记,自己刚才看了什么。播错了地方。保罗·维希留[1]为此形成疾驰的静止的表达方式。

通过技术的通信媒介的加速是一方面。另一方面是现实中前进运动之手段的加速。虚假的征服空间的技术得到完善,被越来越多的人利用,但身体的旅行依旧增加,同样也被提速。业已谈到的铁路作为统一时间的节奏制定者,同样重要和强有力的是其对于普通加速史(allgemeine Beschleunigungsgeschichte)的贡献。铁路如同资本逻辑和媒体技术,是现代加速的一个关键事件。

当铁路出现时,那个时代的人立刻明白,它表现为一种时代突变。当通往里昂的线路开通时,海涅[2]从巴黎写道,*开始了世界史中一个新阶段,而我们这一代人可以为此感到自豪,他们在场*。人们感到铁路的速度——当时大约30公里每小时——快得有生命危险,担心留下健康的隐患。内脏无法再与往常一样工作,有人这么想,肌肉会过度紧张,大脑会被挤到头盖骨上。简单地说,身

---

1 / Paul Virilio(1932年至今),法国文化理论家。
2 / Heinrich Heine(1797~1856),德国作家。

体不是为这样的速度所制作。然后是心灵损伤；飞驰而过的风景将灵魂置入一种眩晕，人们有可能无法再摆脱晕眩感。当这最初的激动平息、对这种新速度的一种习惯出现以及车辆的坐垫也得到改善后，人们开始看重这种安静滑行的行驶；只有对窗外的眺望显然得到训练。风景印象变化太快，特别是当人们同往常一样试图固定事物时。一切飞驰而过，晕眩感无法避免。人们得先学习这种新的目视。望出窗外的目光去除该被作为整体印象接受的、变化的造型的遮盖，人们不能在细节上失去自己，否则就真的失败。一个同时代的人曾这么写下自行驶中的火车的目光，的确犹如一个古代大师风格中的艺术家，仅仅向您展现一片风景的本质。请您别向它要求细节，而是整体，生命就在其中。最后，当它借助配色师的热情让您迷醉后，它会保持自己，直到将您在您的目的地放下。一种高速中的悠闲。而当速度继续增加时，出现这样的效果，即外部的对象无色无形地在眼前飘过并无法再能辨认。

从此刻起，即当人们无法在外部能准确地辨认什么时，车厢里的阅读开始。车站书店凭空从地下冒出。在法国，路易斯·哈谢特[1]以车站书店为基点建立了他的出

---

1 / Louis Hachette（1800~1864），法国出版家。

版帝国。他关心旅行者的心灵健康。1852年在一本广告小册子里，他写道：一旦他踏进车厢，这个旅行者就被判无所事事。所以人们发展了这样的观念，将被迫的无所事事和一次长途旅行的无聊，转变为有利于一切人的娱乐和教育。在以市民沙龙为准、给座椅很好地配置软垫的车厢里，人们开始一次双重的旅行：在空间里和头脑中。在三等或四等车厢的木质板凳上，那里无产阶级的和小市民的大众被挤在一起，被读的东西不多，而人们满足于其他方式，聊天、笑闹、喝酒，而有规律的咔嗒声激发歌唱。人们骨架松动、满脸灰黑地到达旅行目的地。

　　加速和羁留旅途也能带来快乐，而时间犹如刮过一阵风地飞逝。没有人会让自己想起帕斯卡那已被提及的句子，据此一切不幸的原因是，人们没待在自己屋里。即使人们虚假地始终身处旅途，同往常一样，人们只是身体不动地在空间里飘浮，越来越快，以便节约时间或者打发时间。然后，移动的生命，一如人们所知，能为空间的毁灭提供某些助力。似乎那被驱逐的时间会报复空间。为了在尽可能短的时间里尽快地克服距离，公路、铁轨和飞机场被建造，为此需要消费田野。高速迫使建造这样的路段，在上面人们可以无阻碍和无干扰地参与、活动自身。仔细测量过的空间的意义消失了。在出发和到达之间有某种隧道；人们在其中度过的时间该尽可能不被发觉地流逝。所以有人以这样的提示做广告，人们在良好的道路上，在一辆好的汽车里或者在一节快速的车厢内，能如此到达，犹如人们出发时那样。该消失的是接近一个遥远地点的辛劳。

但是，人们也许仅在接近的途中感受到什么。谁过快地到达任何地方，就不在任何地方。人类学家报道澳大利亚的原住民，说他们经过长时间的行走，在到达目的地前会坐下几个小时，以便灵魂有时间赶来。以前行驶是一种经历，人们作为一个改变者到达。但今天有效的是：谁总是作为同一个人到达，他到达的地方，会被当成相同之地。全球化的迁移使空间整齐划一。围绕全球的商品，资本和信息流在它们去的那个地方会促成类似的事情：它们让关系变得互相类似。地方的（Lokale）真的会成为"被地方的（glokal）"。

当下的加速具有众多视点。伴随着交通、通信、生产和消费的技术性加速，职业、家庭、伙伴关系一直到个人生活规划中的社会变迁也在加速。整个社会，即使其外部的框架保持稳固，也进入运动，对于个人的灵活性要求也在增长。人们得对地点和职业的改变，同样对社会的升迁和下降作好准备。迅速变化的工作和生活环境让经验贬值。人们必须不停地改学专业。生产者变老，更快老化的是他们的产品。一切都被扯入一种巨大的变化竞争中。人们有些茫然地谈论短命的时间，表达这样的感觉，以供给和要求之增长的范围衡量，个人的时间资源变得越来越紧缺。

即使是我们消费的自然也已被扯入这种加速。比如能源储存。它们是物质化的时间,因为它们以化石材料的形态经过上亿年形成。它们被加速的工业社会在最短的时间里耗尽,同样犹如多样的种类,为了创造它们,进化同样需要巨大的时空,而它们也在短暂的时间里被削减。以往聚拢的财富将被消费,而将来受到垃圾产品的困扰。亚历山大·克鲁格[1]对此找到确切的表达方式——他称这个过程为**当下对剩余时间的攻击**。倘若自然时间和社会时间互相陷入冲突,我们可以有把握地知道,被社会的加速狂怒所驱使的我们将会吃亏。盖住地球的生命的**霉菌涂层(阿图尔·叔本华)**将重新恢复原状,而带着一个菩萨大肚之美丽曲线的蓝色星球,将在宇宙中无动于衷地继续旋转,摆脱了有段时间以来在其表面上造成不安的歇斯底里者。

返回表面:在加速的社会系统中,社会的企业速度支配个人的时间节奏,以及他的自身时间。介质的魅力,征服心理的免疫系统,由此制造出麻木不仁和歇斯底里。灵活的人证明自己是被过高要求的人。也就是说,加速的驱动系统不仅外部地发生功能,它还进入个体内部,而他会受到自己可能会错过什么的想法驱动。结果是这

---

1 / Alexander Kluge(1932年至今),德国作家,导演,电影制片人,电影理论家。

样的感觉，即被绑在一个越转越快的轮子上。

对此有个有说服力的寓言。它产生于1800年前后，那时敏感的浪漫主义精灵们已经开始感到现代的时间的阴谋活动。这涉及威廉·海因里希·瓦肯罗德尔[1]的著名文本《关于一个裸体圣徒的一个奇妙的东方国家的童话》(»Ein wunderbares morgenländisches Märchen von einem nackten Heiligen«)。

童话的圣徒不停地听见时间进行着它那飞速的旋转，所以必须不断地完成一个人的激烈运动，他付出努力，去转动一个巨大的轮子。这个裸体的圣徒，人们可以说，让现代工作社会的概念变得明白易解。重要的不再是某种结果和产品，而是运动，轮子的旋转，亦即工作过程自身：一切得服务于这个工作过程，包括消费、资本投入、生产的毁灭。一切都忙于此事。谁脱离工作过程的这个快速旋转，谁就脱离世界。这个转动巨轮的裸体圣徒的情况别无二致。能允许人们就这个工作过程发问吗：这一切为什么？人们得像那个圣徒那样留意，用他身体的全部力量给这个咆哮的……旋转提供帮助，以便时间不陷入哪怕仅有一瞬间停止的危机。谁若站在边上，仅仅袖手旁观，就会感到疯狂者的神圣的愤怒。他激烈地

---

1 / Wilhelm Heinrich Wackenroder（1773~1798），德国作家。

颤抖，指给他们看着永恒之轮的无法阻挡的旋转，这个时间的单调和有节奏的继续呼啸；他如此地咬牙切齿，以至于他们根本感觉不到也发现不了他们自己也被卷入其中和被扯动的运转；他将他们从自己身前抛开，一旦他们过于接近这个疯狂中的他。

浪漫主义作家们听见，这个时间的轰鸣的转轮以其噪声和不停的运动完成生命的时间。但他们也寻找其他一些什么，那种从这种悲惨的旋转中导出的东西；瓦肯罗德尔称此为对于陌生的美丽事物的折磨人的渴望。童话的最后是宇宙的天籁，它将勤劳者从逼仄的活动中拯救。社会化的和被经营的生命为世界时间敞开自身。对着浪漫主义的童话，此刻所有星辰唱起，投入夜空的目光让人迷醉，大有希望——但对今天的我们来说也是这样吗？

## 第六章 生命时间和世界时间

有限的生命时间，无限的世界时间。循环的时间纾解张力。基督教的针对世界时间的进攻。时间的虚无性。第二次拜访奥古斯丁。时间张力，而非时间点。时间体验的一个小小的现象学。缺乏当下的以往。真实的和想象的时间。荒谬和世界时间的实现：唯物主义的，基督教的，进步的和进化的。

人是个古怪的生灵。他能走出自己的中心，从外部打量自身以及进入如此的遥远进行思考，以至于在见到包含他的整体时，感到一阵毛骨悚然。尼采曾深入地进行表达：在那散布着无数闪闪发光的太阳系的茫茫宇宙的某个偏僻角落，曾经有过一个星球，聪明的动物在上面发明了认知。这是"世界历史"的最为狂妄自大和最为虚假的时刻：不过也仅仅是一瞬间。在自然作了几次呼吸以后，星球开始僵硬冻结，聪明的动物只好死去。

我们，这些发明了认识的聪明的动物，也认识了时间，自身的和世界的时间——尤其是两种时间的差别。这种差别迫使我们承认，我们不仅在空间，同时也在时间里只是一颗微小的原子，一个瞬间的原子。我们是瞬间的生灵，但我们能够进入巨大的时空思考。仅仅这点赋予我们某种崇高，某种尊严：因为世界时间的巨大整体犹如一个旋转的棱锥体，在一种智慧的顶端起平衡作用，这种智慧指望无限，而自身是有限的。被赐予它的只有几次**自然的呼吸**。

生命时间是有限的。但世界时间的情况如何，它也是有限的？难道它有可能也仅仅是某种形成的东西，它有一次开始，而后有朝一日也将终结？或者它既无开端也没结束，与一直有个开端和一个结束的发生的事件相比，简直是个持续？早在古希腊，思想已经与这类问题紧密相连。

在希腊神话中，时间被设想为没有开端，与诸神不一样，他们以其形成史在时间里有个开端。他们也并非时间的主人和创造者，相反他们服从于时间。赫西俄德[1]讲述了他们骚乱的开端。**大胸脯的该亚**（大地）从厄洛斯那里受孕，生下乌拉诺斯（天空），他接着与母亲交媾，生出下一代众神，乌拉尼登，在他们中间有俄克阿诺斯和克洛诺斯。后者同他的姐妹生出下一代众神，宙

---

1 / Hesiode，古希腊最早的史诗诗人之一，创作时期在公元前 8 世纪。

斯属于其中（我们在关于操心的第三章里已经遇到其拉丁语的对应朱庇特）。但他害怕其后代并将他们吞下。在故事流传中，吞下自己孩子的克洛诺斯（Kronos）的图像与时间之神科洛诺斯（Chronos）混淆。由此产生了时间那吞噬一切的恐怖图像。对希腊众神来说有效的是，他们虽然曾经形成，但将来不会消亡。他们能够望入将来：比如他们知道，阿喀琉斯会战死，但无法阻挡。他们以其不朽，不是站在世界时间之上，而是臣服于世界时间。众神在其中行动的时间也超越他们，它属于周期不定，属于无限。

一个无边界的世界时间需要某种令人不安的东西，就像它被周期性的时间分割的那样。循环抑制面对一种无止境的直线性之可能的恐惧。在这种直线性那里，每个事件都独一无二，无法重复，犹如未曾有过那样消失。与此相对，循环提供在时间中的坚持感觉，直到今天还属于我们基本的经验：循环往复的季节，太阳和月亮的周期——包括由它们引起的退潮和涨潮的"潮汐"——，植物性生命的循环。在农业社会里人们以此为准。在那里，自然过程规定播种和收获、狩猎和打鱼的节奏，并同与此相应的社会习惯和仪式形成一种有机的时间。在此期间，当下的城市居民喜欢对这种时间进行浪漫的美化。而且：不管人们在哪里，即使是碎片化地经历这种有机循环的时间，这种时间也能针对直线的无法挽回的消逝的时间，给紧张的意识提供支撑。此外，即使人们仅仅暂时地潜入有机的时间，社会的时间传动仍会表现为一种更是滑稽的烦躁不安。循环的时间的观点不是戏剧化的，并且抑制歇斯底里。无论如何，世界时间的循环时间给出一种有机的辉煌，而且完全适合，让生命时间和世界时间同步化，特别是因为自身的身体节奏也被循环地安排。

从历史来讲，伴随着基督教，一种全新的、对于世界时间的理解登台亮相。业已谈及其救世史的经营，等待，时间变得紧缺的固执观念，以及伴随而来的浪费时间的禁令。在这个关联中，事涉在神圣的当下的视野里，扩展世俗时间之无意义性的尝试过程，而时间经历的深层结构，从来没有像现在这样被清晰地阐明。在奥古斯丁自传《忏悔录》第二章中，在这篇业已多次引述、西方世界时间反思的基本文本中，已有此事发生。

在一本回忆之书中提出对于时间的询问，其实并不如此令人惊讶，因为回忆已经包含一种时间的思考。奥古斯丁自问，他如何成为他现在是的人，一个皈依信仰的人，甚至一名主教？他回顾寻找和迷途的一段时间。整本书被设置为与上帝、与时间之主的对话。这不仅仅是修辞手段；在幻想出的对话、几乎是祈祷的表达方式中，作者保持开放和诚实，因为他不能欺骗他的上帝。奥古斯丁转向时间问题，犹如转向上帝赋予他的一个谜语。*时间究竟是什么？没人问我，我倒清楚，有人问我，我想说明，便茫然不解。*

时间身上有什么如此神秘？恰恰是这种独特的无意义性。奥古斯丁没有将它当作神学的信条，而是当作对一种本真的神秘莫测的体验的提示。奥古斯丁让自己意识到，当下的存在由两种"不存在（Nicht-Sein）"囊括：以往的"不再（Nicht-Mehr）"和将来的"尚未（Noch-Nicht）"。奥古斯丁说，时间既存在又不存在。让我们以当下作为例子。表面上看，它有一个存在。但它已经消失在以往中，不再存在。当下持续多久——一年，一天，一分钟？它无法分割，严格地说它几乎没有一个范围。我说"现在"——这个现在已经过去。最后人们只保存当下的一个小点。它无限的短，不过，只要我们活着，它不会停止。总是有那么一个现在。这恰恰是之前业已解释的、关于持留的当下的思想。

时间现在是这个当下的现在，或者它是它去消失的那个地方？这样的话，时间就不是一种存在，而是一种消失。此外，将来在此点上也无法有任何改变，因为它也不是别的什么，只是朝我们走来的某种东西，穿过现在之点然后消失。也就是说，人们得到佯谬的结果，即时间在将来中还不是，在以往中不再是，作为当下则被紧缩在一个几乎没有任何范围的一个时刻，这个现在上。不过，倘若我们真的被缩小在现在之点上，每个现在又将吞噬以往的现在，那么没有任何时间体验是可能的。它怎样才有可能？奥古斯丁的回答：因为我们在消逝中还能抓住已经消失者。当下不是简单地失去，它还有一段时间留在记忆中,作为一种余像。奥古斯丁说,灵魂虽然以现在为准,但之前者还有一段时间保留在灵魂中,而这种现在和之前的同时性产生时空,人们——这是决定性的——恰恰仅在灵魂中能感受这种时空。

灵魂借助回忆抓住一个时间段的能力属于内在的时间,让外在时间的感知变得可能。这是一个通过内省得来的观察,据此我们体验的不是时间点而是时段,此后这已被多方证实。被作为当下经历的现在,威廉·詹姆斯[1]曾写到,*不是刀刃,而是一种鞍背,带有一种它特有的宽度,而我们发现自己坐在上面,从此出发朝着两边望入时间*。艾德蒙德·胡塞尔[2]类似地将对当下性的体验,现象学地解释为持来(Protention)和持往(Retention)的一种同时:只有这样,时间对我们来说才不分裂为时间点,而只有这样我们才能够将它经历为逐渐的持续,因为在任何一个瞬间刚才的以往者依旧在场(持往),人们同时符合期待地受到将来者(持来)的吸引。脑研究者恩斯特·帕佩[3]最终测量了感知的这个当下窗口:每次从意识被聚集到当下的那个时段,持续3秒。

被聚集到一种当下的时段,犹如生物学家雅克布·

---

1 / William James(1842~1910),美国心理学家。
2 / Edmund Husserl(1859~1938),奥地利哲学家。
3 / Ernst Pöppel(1940年至今),德国神经科学家,心理学家。

冯·于克斯屈尔[1]在19世纪末发现的那样，在其他生灵那里可大可小，有趣的是去想象，世界对一个具有明显更长或者更短的时段的生灵来说，会如何显现。就像使用时间放大镜和时间聚焦镜：白天和黑夜将以快速的节奏交替，人们将看见树木生长和太阳在天空追赶。相反，倘若当下的时段比如缩小至千分之一，一颗射出的子弹几乎在空气中停住不动。

不过，不管当下的时段有多长，它必须是一段，不仅是一点，因为否则时间的感知会变得不可能。坚持这样的现象学的洞见非常重要，即使它们经常受到现代自然科学，特别是物理学的排挤。人们不该忘记，一种仅估量时间点的思维不得不将时间作为可体验的期限的持续性完全错过。正如线条不是点的数量一样，很简单，因为一个点不延伸，人们从无延伸者那里永远无法到达延伸，而时间的持续同样不是时间点的数量，也很简单，因为一个时间点缺少持续，人们可以将许多时间点计算在一起，但依旧得不到时间的持续。——经过这样的关于时间点估算的按语，作为恰恰在时间上让暂时者消失的尝试，现在可以返回经历的时间。

只有当轮子旁的当下感知一方面转入回忆的坚持，

---

1 / Jakob von Uexküll（1864~1944），德国生物学家。

另一方面转入有意识的期待时，运动才进入时间，时间才变得完全可以体验。不是时间点的凝固，而是时间的体验作为其流逝才打开时间维度。而这种时间维度，仅对一个有时间意识的观察者来说才有。所以有效的是：人不仅在时间里，一如其他的一切，他让时间**到其时**（zeitigen），犹如海德格尔准确道出的那样。不过，石头、植物和大多数的动物仅仅在时间里，但没有在这个意义中让时间"到其时"。

倘若前提必须是有一个有时间意识的观察者，倘若得谈论以往、当下和将来，这就有这么一个佯谬的后果，即人们其实不得不在一种观察者意识出现之前言说宇宙的以往，而这里涉及从未有过一种当下的以往，因为当时没有观察者。我们一直把观察者考虑其中。事情显示，我们很难或者根本无法摆脱这样的想象，即这种"某物（Etwas）"必须，以便有或者有过这种"某物"，在一种意识里被反映过。这里的这块石头，它不知道自己，所以也没有当下，它是自己的以往，但它未曾拥有这个以往，也许很长时间里还会有它——它在世界上究竟是怎么回事？其实这是令人安心的问题，它们以前曾导向对一个上帝的想象，而祂犹如一顶意识之伞撑在一切之上，由此一切被包含在存在中。上帝数过这一切，天幕上的小星，我头顶上的毛发以及树上的枝叶。

人没有石头的问题，因为他的存在拥有意识，由此他也具有当下的能力。时间从当下出发，给他安排以往和将来。这个维度的获得当然也有巨大的后果，即面对无意识的和在此意义中无时间的世界，他设置了一个障碍。我们在深入思考无意识者时的困难上感觉到这点，因为我们身上和灵魂里的许多东西是无意识的或者无意识地发生的。闯入远离意识的领域，去描述它和观察它，有此可能仅从外部而非从内部出发，正因为这里不存在意识意义中的内部。所以，设身处地为一个不管有还是没有的上帝着想，比替一块我们面前可以抓到的石头着想显得更容易。作为某种精神者，他比无意识的石头与我们更有亲属关系。奥古斯丁想在他的上帝那里找到平静。但这也许是个错误的地址。为此，石头可能更合适。

提供给望入以往和将来的观察者的，有震撼人心的前景。巨大的时空，空间在此当然是个对于时间的迷惑人的比喻，因为人们在空间里可以往前、向后以及朝着所有方向行进，但在时间里不行。它已被校准，它不可逆转。不存在返回。以前和以后无法回转。但我们还是可以在想象中自由行动，向前或者向后。我们生活在两个时区：在一种真实的、我们经历为流逝的、不可逆转的时间里，和在一种想象的时间里。这种时间对我们显示时空，而我们在其中能自由行动，在上帝的创世行为或者原始爆炸、在最后的审判或者熵的热死亡之间自由行动。

不管这是一种无限的或者有限的世界时间，从受限的生命的视角出发，它总以可怕的方式不受限制，因为边界无法体验。这种超常空间的世界时间恰恰对一个人来说是无所谓的,但通常会发生相反的事:由于宇宙的这种怪异的时空扩展,单个的生命犹如一个糟糕的玩笑起效,既微末渺小,又无足轻重。**我的尘世生涯的痕迹就能 / 永世永劫不会消逝**——浮士德这样说。这个可怜人也许错了。最终什么也不会留下。世界时间,用黑格尔的一个漂亮的表达,是一个**消失的复仇女神**。

还有热力学第二定律,它也为坏情绪出一分力,因为它说明,那种未必真实的,也就是说结构的状态会追求可能真实的,也就是说非结构性的同样形式的状态,倘若它们在此未受高度的能源消耗所阻挡。这种非可逆性组成从非真实的到真实的状态的时间箭矢,由此,秩序然后属于非真实。谁与没整理好的儿童房间打交道,马上会成为热力学第二定律的追随者。起初,房间被整理得如此漂亮,而后呢?整理好的儿童房间简直犹如文化,属于非真实性,它们迟早会被水流挤向最近可达的、作为真实者的混乱中。这并非鼓舞人心的愿景。当然,它们可以被人带着幽默,或者倘若愤怒的份额上升,带着些许玩世不恭,忍受。

世界时间一旦作为消解意义的维度显现,就会产生令人恐惧的作用。这是一种感知,加缪[1]在荒谬的意义上

---

1 / Albert Camus(1913~1960),法国作家,哲学家。

对此进行压缩，它被理解为对此的恐惧：**自然以何种强度否定我们，并丢失我们用此思考它的虚假意义。**

这个经历不完全是新的。古代的欧洲已经认识到一种自然事件的世界时间，而这种自然事件驳回人类的意义要求。让我们以柏拉图的对手德谟克利特[1]为例。他以自己的原子论预告了现代自然科学。德谟克利特假定下坠的原子、空洞的空间和空洞的时间。原子由于大小不同会以不同的速度掉落，犹如台球互相撞击，旋转自身，组成形象。人类的灵魂和精神也仅仅是特别小的原子的联结和缠绕。空洞的空间、空洞的时间和这类原子联结，这就是一切。但还有四处飞舞的意见，只是让人讨厌，因为它们误导人，错误地看待事物。隶属于此的有这种想象，即自然由目的原因，亦即由一种目的确定。不，德谟克利特宣称，自然并非由一种目的规定，而由偶然确定，即使人们更希望是别的什么，比如自然如此发挥作用，犹如人类的知性，它给自己设立目标并为此工作。自然恰恰不是这样。在自然中，虽然一切按严格的必然性发生，不过没有目的：一种盲目的必然性，它不着眼于任何意义。也就是说，在德谟克利特那里，不存在作为组成世界之力量的精神，只有这样的原子事件，它以

---

1 / Demokrit（约前460~前370），古希腊哲学家。

自己偶然的游戏充实世界时间。这一定会让人感到害怕和压抑,因为人们无论如何也想摆脱对于众神和其他命运力量的恐惧。没有宇宙的捐赠意义,人们得自己给自己提供意义。

这种古代的自然主义预先表现了现代自然科学的思维。作为潜流,这种自然主义从未消失,当然受到世界时间和生命时间之充满意义的和解的变体叠加,不管在基督教的救世史中,还是在世俗的进步史(Fortschrittsgeschichte)或在自然的演化史(Evolutionsgeschichte)的规划中。这种生命时间和世界时间之间的深渊虽然无法完全遮盖,但它被上述意义关系克服,不管这如何不足。

伴随着基督教式地理解的圣灵史,并与犹太教的预言互相联系,一切兴趣被转移到拯救和世界审判的将来上。时间现在被经历为朝向前面的时间。人们要问:我们走向哪里?我们会遇到什么?遇到将一切变新的事件。弥赛亚的复归,新的耶路撒冷。涉及一种被古老的、带有其循环的历史认识的雅典的替换。虽然一个亚历山大[1]或者一个奥古斯都[2]能将其帝国作为一种整个时代的收获来感受,但时间的循环将继续下去,一个新的旋转将开

---

1 / Alexander(前356~前323),马其顿王国国王。
2 / Augustus(公元前63~公元14),罗马帝国首位君主。

始。古代没有对于一种最终的、针对有决定性意义之目标的历史的意识。甚至亚里士多德也没有，尽管他思考过一切，不管怎样曾是伟大的亚历山大的老师。他甚至没想到哲学地让历史变得高贵。即使对他来说历史不是别的什么，只是激情那永不停歇的上上下下，以及权力欲望的冲突，只是同一个剧本，不过被人在不同的舞台上穿着变化的戏装上演。在古代是循环，在基督教时代是转世论（Eschatologie）。

倘若信仰消失，转世，这个拯救也失去自己。但朝着将来的定位和向前的展望依旧保存。将来是时间那真实的地平线。倘若没有将信仰交给超世俗的拯救，就不存在对于进步的世俗的信仰。近代的革命，这个进步时代的火焰加速者，正是在这个背景上获其圣者光环，或者被其反对者妖魔化。1800年前后弗里德里希·施莱格尔[1]这样记录：*革命的愿望，实现上帝的王国，是一切进步教育的灵活的要点和现代历史的开端。*

是黑格尔完成了这件艺术作品，将信仰的自信转变为一种世界的理性观点，完全不带超自然的信仰。人们只需相信自己的理性，这个不管怎样辩证的精神，在世界的外部人们就能观察它的工作，看它首先如何在自

---

1 / Friedrich Schlegel（1772~1829），德国作家，文学家。

然里，然后在社会和历史中回归自身，用自由渗透这一切。在黑格尔那里，人们可以如此感觉自身，似乎已经到达将来。在这之前，没人像他那样将世界时间扯入其生命时间的核桃壳。黑格尔是否意识到其事业之深刻的双关意义，这是个疑问。无论如何，人们没有发觉任何讥讽，倘若他将上帝的意志与自由的观念相提并论，并作为绝对理性的世俗的布道者登台。这里不涉及他个人，他不自负地宣称，相反只涉及他本人无法摆脱的授权。

在黑格尔那里，进步思想的宗教余热能异常清晰地被感觉到，甚至在马克思那里也同样。他其实想将黑格尔的形而上学从天空带到地上。在黑格尔那里，密涅瓦的猫头鹰开始其晚霞中的飞行，据说那时一切均已齐备。在马克思那里它朝着朝霞飞翔，宣告真实解放的时刻。*批判掰碎了链条上那些虚幻的花朵，但不是要人戴上这些无想象力的、无望的链条，而是要人扔掉链条，摘取鲜活的花朵。*这些情绪高昂的话语唱诵的、理想主义的梦幻，被一种进入运行的现实所超越。也就是说，一种世界时间，即是与解放的进程结盟的历史时间。

许多希望落空。更新一切的伟大的政治革命起先没有发生；但代替它的是以使人窒息的速度行进的工业革命，首先在英国和法国，然后在德国。技术和科学的精神含有一种强大的进步允诺，有利于这样一种意识，它寻找从认识到生产的一条捷径，在秘密身上，仅看重能识破它的情状。人们肆无忌惮地接近一种自然，然后在实验中，一如歌德喜欢说的那样，折磨它，倘若人们知道它如何行进，就告诉它，走向哪里。非常令人惊讶的是，自19世纪中叶起，经过绝对精神的高空飞行，突然到处出现，在一种比较理性的灯光中看待事物，以及可能的话看小它们的乐趣。思维修辞开始变得时髦：这不是任何别的什么无非是……这种新的现实主义将完成这样的艺术作品，低估人，但依靠人做伟大的事——倘若我们愿意将我们从中获益的、现代科学化的文明称为伟大的话。一种面向实际和有用的思维欢庆胜利。世纪末时，维尔纳·冯·西门子[1]在伦茨马戏场，柏林最大的聚会场所，让时代的精神在自己头脑中过了一遍：我们不愿怀疑我们自己的信仰，即我们的研究和发明活动会将世人引向更高层次的文化阶段，……降临的自然科学的时代会减轻人们的生活困苦以及他们的长年重病，提高他们的生活享受，让他们更美好、更幸福和对他们的命运更满意。

带着这样的将来期待，人们也感到与世界时间结成同盟，前提是，好好利用它。认真的观察和实验代替无结果的思考和玄思。人们寄希望于尝试和错误，在此能

---

1 / Werner von Siemens（1816~1892），德国发明家，企业家。

感到被查尔斯·达尔文[1]的进化论所证实,其重要的洞见人尽皆知,即自然也通过尝试和错误的方法推进自己的发展。在达尔文看来,突变是遗传信息的有错误的传递,亦即有错误的偶然,从这种偶然中,并在这个种类内部,形成变异度。然后适应结果会进行选择。能证明自己有效的留下。以这种方式——通过偶然突变加上在生死斗争中的选择——自然无瞄准地达到目标。人们也可以说:在进化中自然犯错误地形成自身。当然为此它需要一种巨大份额的时间。一言以蔽之,自从哥白尼的转折,宇宙的、人们以此开始计算的时段,已经准备好持续不断地长成可怕的事物。

经历数世纪而有效的圣经的年代学紧身胸衣被崩裂,不仅由于望向星空的目光,而且也由于朝下望向大地的目光。仅仅化石的发掘物和对地球之地质分层的探究,让创世报告的七千至八千年显得陈腐不堪。为了理解地球表面的结构,一次大洪水也不够。为了能够解释当下的地球表面,人们必须即刻认为有多次大洪水和其他的灾难。17世纪末的一种影响深远的地质理论,将当下形状中的地球描绘成由原始地壳爆裂后余渣组成的一片唯一的废墟,带着作为巨大洞眼的海洋盆地,陷

---

1 / Charles Darwin(1809~1892),英国博物学家,进化论奠基人。

落的大陆，爆炸后的火山，一切种类的地球冰川堆石和荒漠。

当康德公布其第一项宇宙论的理论时，6500年的圣经的世界年业已成为一百万年，这个勤勉的年轻哲学家这样计算。这不是问题，因为自从牛顿[1]将时间作为绝对的数值引进后，时间足够。对牛顿来说，扩展的空间是无限的，同样还有时间。犹如世界空间，人们也将世界时间想象为绝对，似乎在一切事件上有一架世界钟在滴答走动，赋予每个事件它的时间点。但是，因为在这样的世界时间里事件是有限的——对牛顿来说它们组成创世的事实——人们接受了一种空洞时间的问题。因为人们得问，当事件发生之前，比如地球和宇宙的产生之前，时间是什么？当然，人们在此无法前行，所以牛顿拒绝与世界产生及其时间点的问题纠缠不休，宁愿退回到他的自然神论上。

不过，这样的问题不断浮现，在牛顿的绝对时间里究竟发生了什么，倘若没发生任何事。这是空洞的时间的幽灵。牛顿那一代人之后，康德将这绝对的虚无，这个由此必然会产生的虚无，剔除出现实性，仅仅让意识去承担它。在康德看来，意识从其结构来说被迫在这个

---

1 / Isaac Newton(1643~1727)，英国物理学家，天文学家，数学家。

之前的前面再加上一个之前。由此绝对的时间变成意识的一种纯粹的思维必然，缺少存在中的支撑。

当人们将空洞的时间的问题搁置一旁，自己完全不是转向空洞的，而是转向几乎被事件充溢的进化的时间时，意识发觉自己面对的是一种恐怖的、带着一种巨大的充溢的虚空，用康德的话说，**它需要上千万年的堆积，来让带着没有数量和终结的世界之无限空间的整个无涯之辽阔焕发生机。**

18世纪末以来，发展的观念被普遍接受。但是，关于自然中生灵的巨大锁链的、经过几百年有效的想象发生改变，因为它现在被理解为时间上的顺序。很长时间以来人们相信，一切生灵，在这个锁链中展现如此辉煌和紧密联系的生灵，是突然地进入生命的；然后当人们以为，单个的种类和类别，独立地和先后地出自每种细胞时，这个图像进入运动。不过，这种颠覆性的、与牛顿的名字连在一起的新观念，是一种想象，即种类和类别不仅仅是先后地，而且是分别地、超越种类和类别的界限发展出的。达尔文主义教导说，生命超越巨大的时空，开辟自己从首批生命体细胞一直到人类的道路，但不是在一种目的论的有意性意义中，而是通过偶然的突变和选择。不仅涉及人，但完全是特别涉及他，进化花了许多时间来创造他。这可以加强古老的骄傲，人类狂妄的中心点，如果这里进行导演的恰恰不是偶然。不管怎样，世界时间的使用对这个聪明人（Homo sapiens

sapiens）的发展，是令人肃然起敬的伟大的。《浮士德》第二部对此即有暗指。在实验室里生产的人造人被证明没有生存能力，必须回到水里，返回大洋，这个人造物正是在那里接受进化的全部份额。**请你按照永恒的规律行动，/ 通过千姿百态的变形，/ 你有时间变人。**

进化时间作为世界时间，已经过去的当然在人身上不会停止，而他所以不能被误解为制高点和目的地。进化时间继续行进，超越人类，如同以往一样继续发展、分叉或者退化。由此也出现这样的问题，对于这样的进化过程，有哪些干涉可能性。达尔文自己赞成听其自然，不赞成干涉，但即使他也无法阻止有关的潜能幻想疯狂蔓延，起先在种族和生殖思维中，然后是基于技术进步的基因的干涉。不管怎样，人造的历史时间与进化的时间互相联系，不管干涉现在产生有意的或者无意的效果。

将人被卷入其中的自然的发生掌握在自己手中，这曾是启蒙运动的一个梦。赫尔德[1]曾认为，人找到人道这件事，该由自然那无形之手负责。但这遭到康德的反驳，他宣称，人是这么一个生灵，他有自己决定自己的天性，能将自己制作成最佳状态中的自己。人不该简单地依靠

---

1 / Johann Gottfried von Herder（1744~1803），德国文艺理论家，哲学家。

自然发展，他得自己出手。作为一个被自然放出的生灵，他得在历史进程中自己促成自己的发展，根据他自己设定的目标完善自身，并由此将自己制作成一个*理性的动物*。但康德又认为，不是单个的个体，而且必要时整个种类可以通过许多的世代交替，让自己*上升达至*自己的使命。

依靠自己导演的进化——这不再根据偶然的突变和选择的原则进行，也不再依靠启蒙和理性的原则，不用过多久，即使进化也该获得加速。当前人们正在试验的进化的技术，是将世界时间的观点，即自然发展的时间，更紧密地靠近生命时间的尝试——而这发生在天体物理学的世界图像中，世界时间和生命时间的剪刀差展现为越来越大、进入无限恐怖的时刻。

# 第七章 宇宙时间

  时间开端。开端的独特性。物理学的转世论。贝特朗·罗素的文化筏子和伟大的宇宙之夜。爱因斯坦的相对论。并非一切都是相对的，但我们并非都生活在同一时间里。同时性的谜团。空间时间。克服人和时间之间的二元论。爱因斯坦的宇宙虔诚。崇高。

  今天一切被视为物理学的和现实的世界模型都拥有……时间的一个绝对零点，天体物理学家伯纳夫·卡尼特施奈德[1]这样写到，显然这与他那个行业的主导观点保持一致。人们不断地尝试，以数学的方式，找到一条通向这开端奇点之后以及返回一种无限的以往中的道路，

---

1 / Bernulf Kanitschineider（1939~2017），德国哲学家，科学理论家。

但是不管人们以何种关于物质和因果关系之有说服力的设想作为基础，人们无法超越时间的这个独特和绝对的零点。也就是说，从今天天体物理学的观点出发，时间有一个开端——但人们不能将此设想为第一次的事件，因为事件总是有影响力的，同时又被影响而成。无法想象一个仅仅影响他者的自己不受影响的事件。所以这个神秘莫测的开端奇点也不能被理解为事件，相反该被理解为宇宙对于一切以往的事件链条的边缘。如前所述，这个边缘自己不是事件，而是某种边界，而时间在那里开始。事情不可能是别样，卡尼特施奈德写到，只有将世界的开端，视为自发和无因果关系的、缺少时间的前任的产生过程。这里的产生过程容易引起误解，因为其实这里不涉及一种过程，而是一种状态，而它恰恰不是出自一种以前的状态——而这人们又同样无法想象。这里展现的、与来自虚无的创造（Creatio ex nihilo）的差别并不大。在决定性的问题中，人们未获多少进展。不管怎样，大约在两百亿年之前，有运动进入紧靠虚无上方的亚原子的起始状态，进入这个高度密集的、由元质点组成的炽热无比的混合体，而它爆炸式地膨胀自身，同时原始的物质密度和温度极度下降，最终原子，然后还有化学要素能够形成。从这种均质分散的物质里，在一种旋涡事件的流动中形成银河外星系。大约五十亿年前，在其中的一块星云中形成我们的太阳，以及所属的行星，其中就有我们的地球。

也就是说，宇宙并非没有开端，即使时间也有一个开始；因为只有当什么事情发生时，才可能有它，它一定在这样的时刻开始，即当某个开端状态进入运动时。当然，这一切早就无法再想象，所以我们被要求相信这点，犹如人们以前曾相信神话的创世史那样。唯一的差别是，我们真的能够描绘天体物理学的创世日的伴随现象。

让我们再次回顾一下宇宙起源学：对古代来说，宇宙和时间无开端。在基督教的世界观里，宇宙是一种创造，作为创造有一个开端，正是创世行为，时间以此开始。牛顿将创世者保存在背景中，但是对他的自然法则来说，它需要这个绝对的亦即无限的空间和绝对的亦即无限的时间。现代宇宙学再次告别空间和时间的绝对性。空间和时间的规模，自从爱因斯坦开始，不仅在互相的关系中被领会，作为马上就要谈及的空间时间，而且时间再次获得一个开端——和一个结束：总有某个时刻，一切事件的发生会消亡。有争议的是，宇宙是否在此之前会进入一种萎缩阶段，或者带着不同速度的眼下的膨胀是否继续。出自今天天体物理学观点的一种物理学的转世论这样告诉我们：首个引人注目的事件该是太阳的发展，它……进入"炽热巨大阶段"。在此它膨胀自己，远远地进入太阳系，而地球居民将被迫，离开他们的家乡星球。而后，大约1012年以后，事情将变得清楚，星辰的形成变得缓慢，坚固的星球业已变为中子星或者黑洞……1027年后宇宙展现出银河的和超银河的黑洞，它们被空间的膨胀分散带走，而同时散开的黑色矮体，中子星和独立的、由于气化过程离开其原先的银河外星系的黑洞，在增长的空间里四处乱跑……经典地看，无生命的物质是稳固的，但即使质子，就量子力学式地来看，也会分崩离析……其结果是，1034年之后一切建立在碳的基础上的生命会死绝。要是能等得更久，以下的过程会更加引人瞩目……1066年后量子力学，还有黑洞也会进攻。它们化解为粒子辐射，逃逸进入外空间……也就是说，最外部的通过转世论尚能把握的宇宙图像，是余留下的稳定的粒子的、一种越来越慢膨胀和变得稀薄的湖。在一个长命的宇宙中，一切事物的终结看上去就是这样。人类的生存，与一切错综复杂的更高级的形象一起，在中间的宇宙时代里，具有一种独特的过渡形式。在时间的开始和结束之间，事物的多样性发展着自己，但时间永不返回。

借助一批由从牛顿到爱因斯坦，从伽利略[1]到海森堡[2]等人发现和表述的自然法则和自然恒量，可以构建这样一种终结的事件发生。即使热力学第二定律，19世纪末

---

1 / Galileo Galilei（1564~1642），意大利科学家。
2 / Werner Heisenberg（1901~1976），德国物理学家。

由路德维希·波尔兹曼[1]提出，在这个场景中也有一个作用，因为它被理解为一种有目标的时间箭矢的原理。再次回想一下这个基本思想，它认为，在封闭的系统中以消费能源来保持的秩序总是一种不可能者，可它追求可能者，亦即追求无序。每种秩序的解体被描述为熵的增强。这种关于不可能的秩序和可能的无序的关系，被人喜欢以一种纸牌游戏为例来描绘。起初以某种方式规定规则，然后纸牌被混合，非常不可能的是，开始的秩序会意外地重建。或者另一个例子：一个玻璃瓶破碎，但碎片并不意外地重新合成一个瓶子。根据经典物理学的原理，破碎的每个单个的过程其实无法逆转，而穿越空气的玻璃碎片理论上讲可以重新组成玻璃瓶——但恰恰这样的事不会发生，所以时间箭矢也一样：整个过程的无法逆转的针对性，从一种已有秩序的非可能性直到其解体的可能性。所以，在以上所引物理学的转世论中，事物的终结被描述为宇宙朝向**余留下的稳定的粒子的……变得稀薄的湖的整体解散**。

一个这样的宇宙在最高程度上是拒绝意义的。在古代，除了在原子论者那里，宇宙通常被思考为是有意义的，同样在基督教的世界观里，甚至在用冰冷的机械法

---

1 / Ludwig Boltzmann（1844~1906），奥地利物理学家。

则构建一个宇宙的牛顿那里,上帝作为热量的源泉也在背景中保持自身。他甚至相信,上帝在大约六千年之前创造了万有引力和行星运行的奇迹。牛顿容忍村里的教堂。在现代的宇宙时间里二者才消失,宇宙的无限和受上帝承负的感觉。这再次将期限的体验尖锐化,因为现在消失的复仇女神不仅侵袭个人的意识,而且还攫取存在总体。宇宙空间对于人的可怖的冷漠,已让帕斯卡感到害怕,现在又添加了宇宙的有限性。当然这不是必定会引起恐慌,因为一个冷静的头脑可告诉自己:如果不仅仅是我,最终宇宙和一切其中发生的事,都会消失,这不错。即使星辰也是会死的!

针对拒绝意义的宇宙,倘若信仰不帮助,暂时就只有自我创造的意义世界,亦即文化,能帮助。在这些文化中,人们可以让自己尽可能的有宾至如归的感觉。伯特兰·罗素[1]深入描述了物理学上无家可归的文化人生命感觉,他在其意义的简陋住处中寻找针对这种可怕事物的保护:我们向四周打量我们的小木筏……在昏暗的大洋上,在其翻滚的浪花上我们漂流了短促一小时。从宇宙的巨大夜空中,一阵凉爽的微风吹入我们的避难所。身处有敌意的暴力中间,人之存在的全部孤独感攫住单

---

1 / Bertrand Russell(1872~1970),英国哲学家。

个的灵魂,而它,鼓足它所拥有的全部勇气,不得不单独地反抗一个宇宙的全部重力,而后者面对其希望和恐惧依旧保持为漠然。

倘若一个宇宙的这幅完整图像产生在时间里,产生在一个也将流逝的时间里,这是否不对头?倘若曾经有过的一切,不管怎样都可能真的持留,倘若什么都不会流逝,倘若即使将来者在它成为现实之前也已经变为现实;倘若因此一切事件仅是对于某种保存下自己的持留者的前景;倘若,换言之,时间不是别的什么,而只是一种幻觉?爱因斯坦显然在其生命的最后,思考这些问题。那时他鉴于一个朋友的死对其家属写道:对我们这些虔诚的物理学家来说,在以往、当下和将来之间的划分,只有一种即使是执拗的幻想的意义。

爱因斯坦趁此机会,明显地将思想从幻想的时间特征转入虔诚。但之前的"狭义相对论"(SR,1905)然后还有"广义相对论"(AR,1915)已经致力于,在严格的物理学和数学的道路上发现对于时间之通常经验的幻想视角。爱因斯坦的洞见,在此期间已被视为牛顿之后关于时空的物理学理解的最重要转折。他那有关的数学公式早已具备日常实践的重要性。

爱因斯坦可以援引莱布尼茨,他在两个世纪之前发展了一种针对牛顿的绝对时间的、空间和时间之关系论的提纲。让我们再次回溯:对牛顿来说空间和时间是独立的、给予事物和事件位置的原始的现实。它们也是绝对的、包含现实的容量。即使牛顿也谈到**相对的**时间，那时他指的是地球钟表的时间指示，它们从来不可能准确地测量绝对的、流逝的时间。他当然也知道，不存在绝对的时间。但是他认为，从自己的作为基准点的绝对时间出发，这正是一种思维和计算的必然性。

莱布尼茨则完全不同。相反他假设，空间只有同对象之间的关系一起形成。空间不是别的什么，只是事物的互相排列，不管他们互相隔开多远。正是莱布尼茨，在这个背景上完全能够想象一种自我扩展的宇宙空间。对他来说，与时间的情况类似的是：不存在作为绝对的和假设的范围的时间；相反，犹如空间通过事物的互相排列被创造，时间也通过事件的互相排列以及不同时期之互相关系而定。对莱布尼茨有效的是：哪里没有对象，哪里就没有空间；哪里没有事件，哪里也没有时间。时间对莱布尼茨而言不是某种有规律的、事件处在里面并为它提供一种尺度的空间，相反，人们能对不同的事件彼此测度，恰恰不用一种绝对的尺度。涉及钟表，这意味着时间真的只借助有规律的事件（钟摆、时针、原子波动），"测量"不怎么有规律的事件。不存在一种绝对的钟表，因为甚至牛顿援及的星空也证明其无规律性，而莱布尼茨不断想到这点。对他来说，一切处在运动中，从微小的单子直到巨星，一切在空间的互相排列中，犹如在时间的前后秩序中，维持着多样的关系。由此相对论的时间理解已被推知。通过拒绝作为绝对范围的时间，莱布尼茨将注意力完全集中到事件的不同的持续的关系上。时间在这里游戏。简而言之，莱布尼茨拒绝让时间脱离事件，相反他将时间定义为事件的一种特性。他在自己的理解中，靠近相对论所称的"原时（Eigenzeit）"。

根据狭义相对论（SR），与一种相对运动的物体相比，每个物体都有自己的原时。这与此无关，即每个人不同地体验时间的消逝，倘若它一会儿飞驰而过，一会儿又扩张自身；这属于时间经历之感情化的主体性，而这种时间经历是没有任何时钟可以测量的。不同运动的物体（狭义相对论的题目）之间的时间差异，相反完全可以测量。就思想实验来看，倘若观察者 A 能看到坐在飞驰而去的火车里的 B 的手表，那么他会发现，对方的手表与他的手表相比，事实上走得慢些。而这个 B，虽然不可能让人这么观察到，也会老得慢些，头发和指甲也会长得慢些，心脏也会跳得慢些。在 B 的这种时间的减缓，当然仅仅从 A 的视角出发才能感知。对坐在火车里的 B 自身来说，什么也没改变：对他来说，手表没有走得慢，他的头发和指甲也没长得慢，就是他的心脏也没跳得慢。在被运动的系统里，对被包含在其中的人来说，什么也没改变；仅从被运动的另一个系统里可以确定一种变化。还有：倘若 B 再次来到 A，比如 B 周游了一次地球之后，他会，因为他与 A 不一样地运动了一次，较之于若他留在 A 身边和没有运动过微微变得年轻一些。

有效的是：什么东西面对本真的立足点运动，就有一种变慢的速度。在一次有名的实验中，有人在与静止点上时间流逝的关系中，测试了在一个运动的客体中的、较慢的时间流逝：一架原子钟在飞机里绕地球飞行。这架旅行的原子钟到达时，与被静止不动地留在出发点的原子钟相比，恰好慢了五百九十亿分之一秒。

也就是说，不存在对一切有效的中央钟。若有人与另一个人相比运动得更快，时间在他身上也就消逝得越慢——如前所述：从别人的视角出发看。也就是说，总是事关自己的运动和另一个客体的运动的关系中的时间。相对论所以更好地称为时间的关系论。因为这里不是都涉及相对，一如这大量被使用的固定词组所称。在爱因斯坦那里，无论空间还是时间都不绝对，不一样的是——光速。这不是爱因斯坦发现的，但他解决了一个与此相关的问题。人们确定，光线总是以同一种速度在路上，不管人们从一个静止的还是一个平行地朝着光线运动的车辆出发，进行测量。人们会期待，倘若人们沿着光线运动，被测量的速度较之本真的速度，即30万千米每秒，会减低一些。但这完整的光速一直保持，是独立于自身的运动。爱因斯坦天才和简单的观念现在是：倘若被测量的光的速度一直这样保持，不管我运动得多快，这被测量的秒，在我不管怎样运动之后和不管我向哪个方向运动，就可能不是这个同样的秒。要是我在光线的方向里运动，秒就膨胀，在这膨胀的秒中，所以依旧是

30万千米每秒。在面对光线的一种运动中，会产生相反的作用，而在收缩的秒中，同样可以测到30万千米每秒。光速是绝对的，可变的是根据自身运动的一个秒的不同的持续。结果是，光线总是具有同一速度。也就是说，秒随速度一同膨胀。当然，要是我能像光线那样快速运动，这个秒就会得到如此的扩张，以至于没有时间会流逝。只是其他人会看见我带着30万千米每秒的速度呼啸而过。爱因斯坦很高兴借助这类并非恰恰取自生活的例子，描绘他推翻基础的、与习惯的视角和自然的直觉决裂的理论。关于空间和时间的传统概念，他这样说：**那些在事物的秩序那里证明自己是有用的概念，如此轻易地获得对于我们的一种权威，以至于我们遗忘了它尘世的起源，将它当作无法改变的事情接受。思维必然性也**许由此产生，那是由语言规定给一个人的。**由于这类谬误，科学进步的道路时常很长一段时间被弄得无法通行。**

更加复杂的和对日常思维方式更陌生的是十年后推出的广义相对论（AR）。在狭义相对论中，爱因斯坦明确地将万有引力排除在外，在广义相对论中他注意到它——其结果是，他能够表述一种第二次的相对论：时间不仅依赖每种运动和运动关系，而且依赖在某个环境中的质量。由此时间也受到万有引力的影响。在较重的质量的近处，时间明显流逝得较慢。由此，时间是一种范围，它不仅依赖空间里的运动，而且依赖空间自身，更准确地说：依赖空间中起效的万有引力。为了由空间和时间组成的这种条件结构，爱因斯坦发展了空间时间的概念。

每个客体根据自己在空间里的定位和运动（在与其他运动的关系中），具有自己空间时间地确定的原时。在宇宙的每个点上，根据自身运动和对于重物质（schwere Massen）的接近度，时间的流逝与其他点上的情况不同，或快或慢。绝对的时间由此完全解体。不存在对于所有事件的绝对尺度，只有不同的时间，亦即各自的持续，可以互相比较。这里的一秒不是那里的一秒的同一。当然，在日常应用中，我们依然不知不觉地使用牛顿的绝对时间，因为这个根据爱因斯坦的计算所产生的、时间持续的差别，实在太小。但在技术系统中，比如在航海仪器那里，不用说在电子通信中，它起着一个作用，必须被计算在内。就此而言，我们已经每天生活在一个技术的世界里，它之所以能运作正常，因为狭义相对论和广义相对论已获关注。

倘若每个在空间里运动的客体与其他运动的客体相比，有一个原时，那么人们所称的同时性也有改变。眼下我们还没有问题，比如在实时里，如其称呼，互相远离地进行交往。由此我们同时（gleichzeitig）在一起——完全是这样，似乎这个词不再能胜任所赢得的可能性，但与此同时，一个所谓的新词"zeitgleich（同步）"潜入德语中。我们分享同一瞬间，而我们知道这点。但这确实是同一瞬间？简单的物理学思考已经发出提示，这个同时性是个问题。即使电台信号的到达也需要它的时间。遇到远距离时，这里或那里的当下会互相偏离。交往不但意味着说话，而且意味着交换灯光信号，我们也同我们现在看得见的星辰交往。它们的光线时常已有数万年在路上。只有当光线到达时，我们才与它那被发射出的时刻同时。也就是说，我们与这个客体的以往而非与它的当下同时。倘若我们望入星空，我们望入一个深沉的以往，有些我们现在看到的星辰，业已不再存在，一旦它们恰好眼下在那里熄灭，我们将在几百万年之后才能见到：只有到那个时刻，这个事件对这里的我们来说才是同时。

对于迟到的同时性，这是一个相当易懂的例子。它很容易让人理解，因为人们只需要将光速计算进去，让自己明白，对同时性来说，它是绝对的尺度。"同时（gleichzeitig）"这个用语在这个前提下，意味着一种灯光信号的发送和到达之间的一段时间，但因为在此之间可能有巨大的空间距离，这就导致如此后果，即准确地说，在这样的同时性中，信号的接收人不是与信号的当下，而是与信号的以往紧密相连。这里到达的，在那里已成以往，反过来也一样，这里已成过去，那里还是当下。一种可怕的想象，还会变的更加可怕，倘若人们与布赖恩·格林[1]一起进行以下的想象。

---

1 / Brian Greene（1963年至今），美国理论物理学家，数学家。

人们从观察者A出发，建立一个同时发生之事件的目录，又从观察者B出发做同样的事。两个目录理论上一定是相同的，因为——倘若人们将由光速造成的差别排除在外——这涉及同样的现在点：人们在某种程度上拉出一条直接地从A到B的"现在直线"。不过，根据狭义相对论，其有效的条件是，A和B没有相对地朝向对方运动。倘若它们这么做，那么它们每次的"现在目录"完全不同，而且是因为，两者那里的时间流逝不同，亦即两个"现在点"不同，所以从不同的点出发，也会产生不一样的同时的事件。根据狭义相对论，相对地朝着对方运动的观察者，对于在一个现有时间点同时发生的事情，拥有一种不同的概念。结果就是，从A出发来看，较之从B出发来看，不一样的事件是同时的。这在日常生活中不起作用，因为不同的"现在点"的差异太小。但在遥远的距离那里，这种差别犹如一把剪刀张开，而这意味着：倘若远处的B没有相对地朝着A运动，双方就有共同的现在，所以有一样的同时性。但是倘若B相对地朝着A运动，根据运动方向的不同，它的现在就符合A那里的一种过去的或者将来的现在。

这个直观上很难想象的过程，可以借助空间时间的、当A和B没有相对地朝着对方运动时恰好被切开的长条面包，明白地描绘。这样的话，同样的事件应该留在同时性（Gleichzeitigkeit）的这个时间薄片上。但是，倘若远离光年的A相对地朝着B的方向而且向着它运动，那么从 A 出发这个长条面包会在角上被切，而事件在这个时间薄片上能被找到，但从 B 出发来看，这些事件处在以往中。不过，更令人感到恐惧的是，倘若 A 从 B 那里移开自身，同时性的时间薄片会在其他方向里成斜面地被切割，那么从 B 出发它处在将来中。

自从 20 世纪初开始，在贝尔纳专利局，当爱因斯坦为瑞士联邦火车站时钟的全国的同步性而工作时，他就尝试解决这个同时性的问题。同时性的问题究竟在哪里？在其实它不存在的问题上，无论如何不像我们日常中能想象的那样。在先后和迟早中的历时性中，时间没带来多少麻烦，但同时性，一如我们所见，非常复杂。遥远空间的点从来不同时到来，仅仅因为信号传输时间，其结果总是一种迟到，也因为这最终无法真正相对经历的、在遥远处的"现代点"，倘若人们遇到不同的运动和处在重物质附近时。时间作为均质的媒介解体，也许恰恰在同时性那里变得清晰。根据爱因斯坦学说，在远距离的点与点之间，不存在着直接体验的同步性，相反，这种同步性对一个将一切同时囊括眼中的杰出的观察者来说，可能存在。此外，也许人们发明上帝，是因为人们一致感到有这么一个棘手问题：它似乎就是出自错误的同时性的一种上帝的证明。这种证明说：第一，有同时性，第二，因为我无法直接经历它，第三，就必须有上帝。因为只有上帝能经历同时性。不管怎样，对我们有效的是：每个人被关在其原时的蚕茧中。它包括他，准确地说，他不与任何人一起分享它，除了同那些在同一时刻朝着同一方向并以同样的速度经过同样重的质量的人一起时。每个人在其"时间单子（Zeit-Monade）"中，是个游牧民。

也就是说，爱因斯坦一方面取消均质的时间，但另一方面他展示了，自己为一种缺少时间之讨厌模式的、解除时间之真实概念的、简直有违礼俗的可靠，感到着迷。

以往、当下和将来，自然显现为执拗的事情，但犹如现实能从这三种维度中脱离，最后只有"现在点"，这个直接的当下，作为现实留存，这种相反也就可以想象：一切是现实的，曾经是现实的和将会是现实的。曾有者，持留为现实，即使没人再能回忆它，而将来者也是现实的，倘若它变得现实，即使它现在还不是现实。对以往、当下和将来的区分，符合一种前台感知，但不符合本真的、更深层的现实，而后者以神秘的方式总是已经了结。*当爱因斯坦将以往、当下和将来之间的划分，宣布为一种即使是执拗的幻想的时候，也许想的真是这点。*

倘若这个句子不仅仅有崇高的意旨，那么它可能意味着，空间和时间之绝对范围的、进入空间时间的关系构架的转变，对他来说是朝着空间和时间彼岸的、一种现实之图像方向的第一步。但是，对他来说，这不是人们只能相信的、单独和超越世界的现实，而一直是我们相信自己认识和我们在其中生活和死去的同一现实；可对他来说重要的是，再次别样地去理解这个现实，依靠其他的、较于传统的空间和时间概念的更丰富的和更灵活的概念,去捕捉它。

在爱因斯坦那里人们可以觉察到,宇宙空间的无法测量性就与人的关系而言,不会唤起不舒服和恐惧,而更会将这个宇宙空间置入一种肃穆的氛围,置入一种关于自然规律性之和谐的令人迷醉的惊讶。他写到,一种深深的满足,令他感到充实,倘若他领会到,即使在一个微小的部分里,也有一种理性起作用,而这种理性在自然中到处显示自己。

一种这样的视角只有这样才可能,倘若在人类意识和自然之间的、几百年来占统治地位的二元论不再占支配地位。所以有了爱因斯坦进入宇宙空间的毫无畏惧的目光。

康德以其关于崇高的概念,尝试把握,在面对自然的恐惧和对于人之特殊地位的骄傲之间横亘着的,以及独特地将两者联系在一起的究竟是什么。对此经典的表述出现在《实践理性批判》中有名的结尾句子里:两样东西用不断变新和不断增长的景仰和敬畏充满心灵……在我头顶上的星空,和我心中的道德法则……前面那个无数世界的景象似乎取消了我作为一个动物性创造物的重要性,这种创造物不得不将它由以生成的物质再还给行星(宇宙中纯粹的一个点而已),当它在很短的一段时间里(人们不知道如何)被赋予了生命力之后。相反,后者则通过我的人格无限地提升我作为理智存在者的价值，在这个人格里面，道德法则向我展现了一种独立于动物性，甚至独立于整个感性世界的生命。

康德与爱因斯坦不一样，不是完全从自然和世界那里出发理解自身。在他身上，人保持为一个世界陌生者，不过是这么一个眺望星空的目光给他建造了一座金色桥梁的人。面对宇宙空间，这个必然性之巨大王国的景仰，以及对于自己、对自身的自由和道德的敬畏。再加上认识能力。似乎在经过人的绕道的半路上，自然会认出自己——以其在空间和时间里的整个可怕性。难道不是这样吗？

让我们再次想象空间时间的那个长面包。这个空间时间无处不在，不管人们怎样切那个面包，而且事实上，不管它现在是否已经过去，它一直处于当下或者也是将来。这里涉及的仅是同样就自身来说，是无限的现实之有限的情态形式（Modalform）。为了使用另外一个比喻（观念在此只能借助比喻行进），似乎一个唱片被播放。唱片似乎是全部现实，而唱针是时间，在时间里和伴随着时间，这个其实永恒完成的现实被拆解入一种非永恒的先后中，并可听见。犹如从遥远的地方，人们回忆起奥古斯丁的歌曲例子。它被收起和保存在记忆中，在演讲时被解开和置入一种时间顺序。它——在记忆中——是超越时间的，只有在报告时转入时间。不过，这也许过于美妙，无法是真。

# 第八章 原 时

身体的原时和身体节奏。捍卫原时作为政治任务。在原时的迷宫里。现实在其中消失。原时分解身份。每个人都是最后一个证人。"那片云彩仅绽放几分钟。"鸟学的上帝证明。萨特的虚无和时间。时间体验的第二个小小的现象学。我们为何显然迟到。突如其来。

从宇宙时间返回自己肉身的时间。

在那里时钟也滴答。被安置在鼻根后成对的微小神经结,让身体运动保持同步并作为节拍器起作用。从这个中心——所谓的超级交错配列的神经核——那里发出电子信号,大约遵循 24 小时一个周期,为呼吸、心跳、睡眠和苏醒阶段,进食和消化创造一种活动框架。这种操纵与对自然天的感知联系,但它也独立和超过某段时间地保证一种日常节奏。因为这种内在的生物学的日子当然仅仅接近地符合外部的日子,它会在某个较长的时段缺少同步,进入延迟:经过一种人工黑暗的扩展的阶段后,生物学的和真实的日子的顺序不再互相符合,而这会在一种人工的黑暗阶段的最后导致一种名副其实的飞行时差综合征。

即使在非自然的条件下，身体也遵循其生物学日子的原时，它的时间的基本节奏会保持，而独立于意识的身体功能本来就不会停顿。但是，对意识来说那种时间的方向不久就会失去，最后出现一种精神的崩溃。对经历时间的意识来说，与身体的原时的联系恰恰还不够，它无论如何还需要外部世界里的、超越自己身体的一种支撑。意识处在身体里和世界中，所以时间既是身体的也是世界的。

身体内部的测定时间的调节，当然大多保持为不为人知，摆脱了意志的影响，而这比如对物质代谢过程，对身体化学的时间控制和对内在器官的活动模式有效。说到器官，比如心脏或者胃，证明自己对时间特别敏感。人们发觉此点，当一个突然事件影响到一个人的胃，或者心脏在使人激动的事件中陷入急速跳动。

我们的身体如何被内在的节奏控制，我们仅在紊乱情况中可以发觉，比如我们有悖于我们内在的节拍器生活，仅遵从外部社会的和抽象的时间。众所周知的是，长时间分班制工作中产生的健康损害：导致睡眠干扰、抑郁、心血管循环疾病。谁顽固地针对身体的原时生活，寿命不长。

一方面我们的身体会有时间感知，另一方面身体自己是一个时间的、结构化的器官，而且不仅在他屈服于从生到死的线性时间的意义中，而且他在一切阶段受节奏和频率的影响，而这种节奏和频率从由千分之一秒的神经元颤动一直延续到生命阶段的时间划分。许多智慧学说恰恰在此见到自己的任务：让有意识构建的生命部分符合身体节奏。生命艺术在这个关联中将此理解为一种能力，即在自己身上感到的最好什么时候做什么事的能力。这里涉及积极工作与无意识的身体事件的同步化。

让有意识的活动与身体的原时取得一致并不容易，另外虽然每个女性身体有其生理的日子，但这并非在所有人那里是一样的。一个人的日子早于另一个人，倘若两人，基于社会的义务，必须在同一时间起床，那么一个人睡足了，而另一个人还有些累，而到了晚上，一些人情绪高昂，而另一些人已昏昏欲睡。早起者和晚睡者几乎是两种文化的属员，他们互相无话可说，可能无法长时间地待在一起，如果他们不联合起来的话。倘若他们互相妥协，带着他们不同的原时互相合作，那么公众的时间可以作为妥协的时间保存下。不过，经常有一种命令式的时间专制。比如早已得到证明，早上这么早的时间上课，尤其对幼儿是不合适的，对学习少有助益。但相应的时间制度铁石心肠。早在1940年，德国人在荷兰规定了一种有象征意义的时间制度，后来成为一个特别的显例。当时德国人不仅军事占领了那个地方，而且强迫荷兰接受推迟1小时40分钟的德国时间。而所谓的夏令时也完全是一种时间专制，而直到今天，这种政治每年两次地干涉每位个人的同步过程。

原时，被理解为自己身上的时间体验，总是很困难，面对社会的标准化——不是别的什么而只是钟表时间——去坚持自身。当然过去的几十年，也在德国，有一种清楚的弹性被带入工作生活。遵循自身内在节奏的自由空间得到增长，但这种游戏空间是否能被有效利用，还很成问题：对于原时，人们是通常不足够的固执。从赫尔曼·吕伯[1]那里产生尖锐的表述，对发达的工业国中的人来说，时空膨胀，**倘若事情的发生不是自己决定的，在这样的时空中没发生任何事**。也就是说，能被原时地使用的时间份额会增长。但他主要在电视机前和网络中度日，受到那里的时间节奏控制。对原时来说，即使这里时间也不多。

当然存有这样的方法，理性地与自己的时间打交道，而对于个人确定的时间卫生，不缺少流行的建议——人们如何抓住时间小偷，设立权威，学会说不；如何将复杂的任务分解为单个步骤，并且防止想要同时做多件事情，而这通常不会带来时间节约，相反会导致更大的迷茫和压力；如何将类似的任务捆绑起来，为每一天设置固定点和休息点，并利用礼仪和习惯的善意的影响力。可以练习加速，而且完全存在这样的可能性，即在一个

---

1 / Hermann Lübbe（1926年至今），德国哲学家。

总体上讲加速的领域里，捍卫自己的时间独立性，并遵从自己的原时。

不过，这当然不够。

倘若人们关注在关于管理的和加速的时间的第五章里讲过的事，就会看到，事实上要求不多也不少，仅要求一种新的时间政策，一种社会的、在心理、文化和经济层面涉及每种原时的保护和展开可能性的、对于时间制度的革命。因为来自时间管理的问题越积越多，而它们都与面对原时的无所顾忌有关。此处请回忆生产、消费和交通方面由于加速所造成的环境破坏，在介质的密集炮火后形成的荒芜现象，加速的工业世界以及贫穷和非发达国家的非自由的慢速之间的充满纷争的对立；以及不断地、越来越经常地出现的时间病理学，抑郁和歇斯底里。倘若个体被过于强烈地置于潮流之下，或者两手空空和被燃尽地丢下，就会产生这类现象。

即使问题会有争议地留下，比如一种时间政治在细节中看上去该是怎样的，尤其是，该如何贯彻这种政治，我们还是到达一个点，也许在历史上是首次，那里时间和对于每种原时的考虑，必须成为政治的一个对象。

与时间打交道当然以前也曾是政治讨论中的一个题目，比如在为了 8 小时工作制的、工人运动的斗争中。但是在当下，"时间和原时"这个要素，被以新的方式政治化，倘若有人在那些有害副作用占统治地位的地方，要求生产、通信和消费的去速化，倘若那里事关公众时间与个人的生命节奏的同步化,即在工作生活中和学校里,或者事关可持续性。可持续性的观念,完全出自对于生命过程的每种原时的增长的敏感性。它非常简单地意味着,留出和给予时间,以便某些东西能接着生长——在大自然里,但是也在人群中。

彼得·格罗茨[1]多年前预测,将来文化斗争的前线,将在西方工业国家和数字化的资本主义以及去速者(Entschleuniger)之间游走。为了见到加速者暂时处于优势,人们无需是预言家。他们与技术的动力学和经济生活的基本原则结成联盟,经济人(Homo oeconomicus)和技术人(Homo technicus)占统治地位。技术一直是普通生命速度的节拍器。另外人们也知道,倘若将来有上百亿人维持人们在我们这里所习惯的生活方式,那么所有人的生活基础受到威胁,而上面演着世界史的戏剧的舞台将被摧毁。谁想在紧缺时间的现代加速过程中获得尽可能多的生命赢利,长远地看他会到达相反的地方,因为时间只有在那种情况下才会变得紧缺,倘若事关克服巨大的、作为这种加速的后果迎面朝我们走来的问题的话。在战胜时间的尝试中,人们完全陷于时间的统治下。

---

1 / Peter Glotz(1939~2005),德国政治家。

无论如何，重要的是，发展和贯彻时间社会化和管理的其他类型。时间和原时在此必然地成为政治题目，遗憾地可以发现，政界尚未确实地领会这点。直到人们发现自然是政治的题目，这也持续了足够长的时间。直到时间这个伟大的题目在政治的议事日程中作为绝对的紧迫性显现，时间还会持续。这里涉及赢得时间的独立性和维护原时的多样性。现在大家以个人的身份已经能做一些事，倘若人们停止，仅仅空谈客观的压制。人们相当清楚，是什么在追赶，什么偷走一个人的时间，在哪里浪费时间，该将时间送给谁，该如何更地使用和享受时间，什么时候该把时间搁置一旁。在这里人们可以发展一种新的注意力。泰然自若是练习之事。超越个人，这将涉及政治的权力问题。让不同的速度——经济的和民主制度的决定程序——互相协调，这是一个政治的权力问题，其目的是，迫使经济服从民主制的决定的原时，而非相反。决定我们准备支付给环境损害和生命负担什么价钱，是个政治的权力问题——只是为了让一种更加快速的继续运动变得可能。我们愿意给孩子们和让孩子们有多少时间——还有给老人和父母，这是个政治的权力问题。

要是保护每个人的原时成为政治题目，那么涉及这样一种原时，它最初可以根据本真生命的需要和节奏来制定，而非根据经济和公众生命的需要和节奏。如此被理解的原时，是某种必须和能够发展、保护及与公众和经济时间保持平衡的东西。原时的更深层次的重要性当然由此尚未触及。也许人们如此喜欢留在外面通往公众和社会时间的边界上，是因为原时的迷宫，要是人们闯入这个迷宫，它具有某种使人糊涂的，也是让人心烦意乱的东西。

不过原时也是——也许甚至主要是——某种内在的、个人能体验的时间，前提是，它瞬间地离开公开调整的时间，由此陷入一种时间经历的可怕的旋涡中，而在这种时间体验时，往常如此稳固和持续的世界获得一条缝隙。这里涉及一种瞬间，那时人们突然在当下那光球的边缘上滑入那个阴影世界，那里能被独特地体验的是，时间的流逝，事物和人的逃逸和消失。从这个消失的暗影区出发来看，社会的时间在某种程度上显得固定和可靠。那里占据要位的是同时性，亦即一种人们可以完全自然地与别人分割的时间，由此流逝性暂时被排除。在存在中保持自己是一种共同事业。要是人们更长时间地独自确立，人们也许最后会怀疑他自身的现实性，一个人很可能会觉得似乎被时间吞噬。每个人都依赖别人的协助，以便能真实地感觉自己。社会的同时性提供反对消失的复仇女神的保护。要是人们每天活动于人和事物中间，与他们打交道，在这个交往的视野中体验自己；要是人们，多半介质地接触图像和话语，将以往和将来扯入共同的当下，对于时间流逝的感觉会被压下。现实显得有支撑力。但是一旦我们注意时间，就会发觉，这个现实如何从内部持续不断地解体和消失，以至于它渐渐获得了门面特性。许多东西虽然立在那里，但后面空无一物，而人们自己也奇特地处在漂浮中，一旦以往从一个人身边消逝。

我将一封信拿到手中。它被撕坏了。我还知道，这事是在什么时候发生的。我可以尝试，将当时内心的状态——激动、失望、愤怒——唤入回忆，但即使我现在相信自己感到这个，我无法知道，这是否真是当时的状态。缺少我可以依靠它衡量当下回忆的原物（das Orisinal）。可怕的是，人们经常忘记：一切主观的状态已经消失，已经无法将此当作同样的东西重新经历。

因为事情就是这样，马塞尔·普鲁斯特也曾对那个瞬间小题大做，那时他以为经历了以往的纯粹的复归。带着对于浸在茶水里的玛德琳小蛋糕的口味回忆，一个早已成为过去的儿童时代的状况突然在他眼前重现，不是作为回忆的，而是作为最初的状况。这个当时的我和现在的我在一个炽热的瞬间互相融合。对普鲁斯特来说，这是一个柏拉图式的超越时间的拯救瞬间。对此后面还会谈到（在关于与时间游戏的第九章）。可以确定的是，这样的复归的瞬间作为几乎是神秘的例外，证明了这样的规则，它说明，在时间里没有任何东西返回，因为，即使什么东西返回，我们也无法将它当作这样的东西认定：因为对比的规模，以及以前的真迹均不可支配，我们恰恰无法将返回者当作这样的东西认出。为了能形式逻辑式地表达：身份定理 A=A 对时间轴上的心灵事件无效。以前的A是否等于当下的A，原则上无法被确定。即使有众多其他的证明继续存在，图像，来自那个时间的书信，朋友们的回忆，也许还有房屋设施依旧一样，这是证明物，残留，废墟，消失者，亦即当时的状态，最多犹如一个幽灵回荡。从每个确定现实的和具体的当下持续不断地溢出主观的内容，即内在状态，而外部已经给予它们和还在给予它们形式和内容。现在，当下满满当当，在下一个瞬间它又变得空空荡荡，作为废墟处在那里，而人们通常不会觉得它有什么特别，因为一个新的当下持续不断地将这个缺口填满。

现实性到底有多么现实，倘若由于时间流逝，那个内在其实不得不从它那里流失？事物在物理学的世界里保存，所以人们也可在此想到时间是个幻觉。但在心理生理学的现实中，占统治地位的是消失的女神，她也攫住物理学家，也许尽管没有攫住物理学。易逝性涉及外部的事物，但更多的是涉及内在的事物。因为它们根本就没有可以在那里持续的地方。它们倏忽一下过去，无法作为它们自身，而仅仅在外部的语言或者新近还有在技术媒介和记录中被保存。那些是外部的符号，它们指向内在，而它自身总是已经成为过去。对于这种易逝的内在特别有效的是：**这是个没人能完全想象的事物，/过于恐怖可怕，远超人的抱怨：/一切滑过和流逝。**

贝尔托·布莱希特[1]有一次在他的知名诗歌《回忆玛丽·安》中，将现实从现实里戏剧性的消逝作为自己的题目。一个爱情场景被回忆，九月在蓝月亮中，在一颗李树下，一个姑娘在怀里，上面是夏季的天空，瞬间飘来一朵云：*它非常白，高得可怕／我抬眼望去，它早已踪迹全无*。一切早已不存，当时的爱情已经消失，他再也看不见眼前的脸——只有当时的这片云他还能看见，准确地说：他看见它如何消失。能够看见作为消失的消失——这是人的成问题的记录中的一种。这首关于现实从现实中消失的诗歌，是一首关于时间的诗歌，是我所见最美诗歌中的一首。

因为事物和人不间断地消失，就有许许多多的东西，其唯一的见证人是人：*但那片云仅绽放几分钟／当我仰望时，它已在风中消逝*。还有谁曾见过它？倘若没别人，它将永远消失，似乎它不曾有过一样。比如有人见到一片彩色的叶子从一棵树上飘下，被秋风吹拂，慢慢地迎着一片斜阳飘落地上。这种事经常发生，但有那么一次注意地观察它，这个事件就会持续一阵子被存入脑海。这类单个发生的事情，为了在现实中保存自己的位置，需要见证人。倘若这类事件没被保存在任何一种

---

1 / Bertolt Brecht（1898~1956），德国戏剧家，诗人。

记忆中，它们就似乎没有发生。倘若见证人消失，现实就坠入"从未有过"。诗歌有时能成功，阻止现实的失去，通过有代表性的回忆：*树叶掉落，犹如从远处飘下，/……/它们带着否定的姿态掉下*（赖内·马利亚·里尔克）。

每个人是对事物、人、经历的最后一个见证人，而这些东西将伴随着他无法避免地消失。因为不再存在任何一个曾在现实中将此确定的人。一种以往，若它无法再被回忆，它就不存在，即使还有其他的证物存在，比如撕毁的书信。现实如此地从现实里消失。但人们无法说荒野在增长，因为新的现实形成，而旧的东西无法挽回地流走和消失。

但是，人奋起反抗通过时间的这种现实的消失。豪尔赫·路易斯·博尔赫斯曾经半是认真半是讥讽地想起一种鸟学的上帝证明。它大约是这样的：我做梦又苏醒。梦里我见到一行飞鸟。我没数它们。没有任何一个其他的人知道我的梦。但这是一个确定的规模。也就是说，必须有上帝，只有他才知道，飞过我梦境的曾有几只鸟。

基本的思想是：为了某些东西持留于存在，它必须在一个意识里。否则的话，它就似乎未曾有过。不过，要是人们想象一下一种包含一切、没有任何事件能从中逃逸到"不存在（Nicht-Sein）"中去的意识，那么这种囊括一切存在的，所以在存在中坚持的意识的名字，就是上帝。

也就是说，原时也是对于消失和现实之解体的最主观的观点，而只有从这种时间体验出发，人们会有面对时间来解救存在的想法。

在客体的世界里有效的是：有的话，就有，没有的话，就没有。由"存在"和"不再存在（Nicht-mehr-Sein）"组成的神秘的阴影王国，仅仅在具有罕见的消失体验之人的内心舞台上，敞开自己。人是在世界上破裂的口子。一切消失，仅在人身上消失才被体验为消失，由此一种虚无进入游戏，它仅在意识中有，而非在外部的世界里。

让-保罗·萨特[1]在其哲学代表作《存在与虚无》中探究了这个思想。

倘若有人今天为自己以前有过的一次背信弃义感到羞愧，那他羞愧的是一个今天业已不存在的我。在此期间他是一个另外的人，即使不是一个完全不一样的人。不管怎样，他感觉与以往的我还有联系，以至于能为其不忠感到羞愧，而且不是面对当时情景中的证人，相反没有观众，只是在自我关涉的内在舞台上。他看见自己超越一种时间的距离，作为那个当时能如此不忠地行动

---

1 / Jean-Paul Sartre（1905~1980），法国作家，哲学家。

的人，并通过感到羞愧，他接纳他以往的我，但没在完全的意义中。在现在的我和当时的我之间起作用的，是时间的**不结束**。当时的我虽然属于我，我同他有一种内在的联系，但我同时也从外部看他。萨特称这种内在的外部，以黑格尔式的专有名词，我那过去之我的**在己存在**（An-sich-Sein）。这意味着：它成为一种客体性，不再能被弄成未发生。我当时不忠诚，是个作为事实的、无法让自己感到羞愧的事实。人们虽然可以尝试用某种方式去弥补它。但这仅涉及后果，而非事实本身。对这无法改变的事实自身来说，我仅能请求原谅，但我无法改变它。行为由我引起（它是**在己存在**），但我是行为。

相反，当下的我始终是个**为己存在**（Für-sich-sein）。它一直在运动中，从未作为对象在自己眼前；每种现实的自我感知一直已是一种自我改变，自我造型。对当下的我来说不存在那个静止的、人们可以绕着它观察的我。当下的我始终同时是他自己的效应。

若我现在打算背信弃义并正好在这个瞬间发觉这点——然后会发生什么？我可以放弃背信弃义，由此实现**为己存在**。我感到我的不忠，恰恰不是像一种我对此无法改变什么的自然灾害。我可以在此改变，而且恰恰现在，当我准备背信弃义的时候。但是，倘若我反过来不放弃背信弃义，尽管我发觉它是这么回事，那么我将我的行动变成一个自然事件。我不忠，我对自己说，但我只能这样。这个**为己存在**躲在**在己存在**的后面——对这个逃避责任的**为己存在**来说，是个合适的藏身处。这种我的、将其行动谎称为一种事件的自我欺骗，被萨特称作**不真诚**。

这种**不真诚**与内在的时间体验互相联系。我在不真诚时对自己采取的态度，犹如对时间里的一种客观事件的发生，并且蒙住自己的脸，让行动时（与事件不同）自己的主动性慢慢移到以前和以后之间。接着，这个以后不仅仅是以前的时间顺序，而且是我的创造。恰恰这点人们在不真诚时不愿承认。人们将自己的罪责推给时间。当然人们只有这样才能以时间为由开脱自己，因为之前是时间，将一个人脱离自己，*脱离我曾经是的、从我想是的人那里，脱离我想做的事以及脱离事物和他人*。

这种脱离发生在原时中。每次苏醒时人们可以为此感到惊讶，人们完全可以与前一天的我建立联系，而这个我尚未完全消失。时间起承负作用，但人们不能信任它，它也把人们有意固定下的东西带走，它让一个人离开他想留下的地方。时间的分离力量不仅与以往和当下有关，而且也指向将来。它让我的当下的我离开将来的我，让这样的事变得不可能，即今天为我明天想是的担保。让我们以一个无关痛痒的事件为例：人们想在一轮会谈中处在他的可能性的高端，但事情总是没把握，是否能成。因为经常发生这样的事，即人们被自己抛弃，一旦事涉重要。人们恰恰无法指望自己。可能发生和一直在发生这样的事——犹如卡尔·雅斯贝斯[1]所说——我**自己缺席**。这个我不是抵抗时间的实体。但是这里并非一定事关一种损失，一种赢利也是可能的：人们被自己吓一跳，人们有能力做自己根本就不相信自己能做的什么事。在特别棘手的情况里，有时只有信心作为某种自我满足的预言能助一臂之力；借此帮助，人们在自己身上启动那个掌控危机的自我。人们通常所称的自我信任是个非常繁复的过程。自我信任并非简单地是对业已存在的自我的相信，而是通过信任对一种才被唤醒、即被激活的一种自我的相信。以这样的借贷会发生这样的事，即这个被唤醒的自我此后证明自己是值得信任的，对一种对此人们之前虽然寄予希望但无法指望的惊喜是有益的。

自我的时间，这个原时，充满变化和非延续性，在好坏意义上都是。但有一点是一样的，即人们对自己来说并非始终是同一人。人的延续性，这样或那样，由于时间那分离的力量被削弱。

时间早晚会起分离作用，但在同时中，各种原时互相联系，人们这么想。不过对此缺乏明白无误的证明，这业已得到阐述，在生理学的同时性和在时间的社会化中，而后者完全要在长时间的历史中才能形成。

---

1 / Karl Jaspers（1883~1969），德国哲学家。

也就是说，我们已有准备，一眼看去显示为同时的事情，并非同时。涉及纯粹的物理学问题，我们已经知道，即使光波也需要它的时间来克服距离。当下进入星空的目光所以总是进入以往的目光。但严格地说，即使我们对于临近客体的感知也非同时，因为即使最小的距离必须通过光波来克服，而这需要它的时间，即使这种时间几乎无法测量。我们现在感知的一切，总有那么一点迟到。

在同时性那里的一次迟到也产生于肉体自身的神经轨道。脉冲必须从周边给到处理中心，而这也需要它的时间。当海尔曼·冯·亥姆霍兹[1]在19世纪中叶首次测量神经轨道中脉冲在途中的速度，由此经验地反驳心理学家迄至那时的一个原理时，根据这个原理一个感官的刺激在瞬间引起意识的接受，他起先遇到误解，直到亚历山大·冯·洪堡[2]从柏林科学院方面给予承认：**一个如此奇特的发现传遍它所引起的惊讶。**

这样的迟到使人迷惑，因为它有违在场的直觉概念，根据这种概念，感知的现在，也是被感知的客体的现在。受器官限定的迟缓妨碍这种直觉。我们不太愿意承认，我们有一根长长的线路，正如那神经轨道。

---

1 / Hermann von Helmholtz（1821~1894），德国物理学家。
2 / Alexander von Humboldt（1769~1859），德国自然科学家。

关于迟到的这种讨论为的是什么？因为它属于原时。这也对自己身上受器官限定的迟缓有效，这个身体的原时。但在这个关联中重要的是，意识形成自身中的原时的迟到，而这种意识形成不由外部被当作脑电波测量，而是以现象学的方式从内部被体验——内省而非提供图像的方式。

现象学家曼弗雷德·佐默尔[1]，从胡塞尔出发，就意识工作中的迟到有过一些发现。在外围的感觉和印象——即使通过长长的线路迟到——出现在意识里，但然后，人们通常这样想，它们就在那里。但是，它们尚未完全到达，在场一直不是现成的。意识并非遇到直接印象，这个*原始印象*（Urimpression）（胡塞尔）时闪亮，相反起先在这个*原始印象*留下的痕迹那里稍稍延宕。我们无法望入太阳，意识同样无法对付这种*原始印象*。意识开始它的工作，并非在石头掉入水中的那个瞬间，而是当水花绽开的时候。为何有这样的延缓？

为了能让此容易理解，可以看一下现象学的意识研究的一个基本发现。情况是这样的，意识始终处在一种有意图的基本张力中。意识不像照相机那样起作用，后者被动地接受进来的东西。意图意味着：有意识的感知

---

1 / Manfred Sommer（1945年至今），德国哲学家。

被意愿、期待和欲念等决定,并在活跃的张力中指向对象。这类自发的感知从来不是客观的。客观性是一种人工的、指向自发的趋势的姿态,因此最好能被非人,即由机器接受。

有意识的感知的最活跃事件发生,并非点状地形成,相反包括一种时间段。它在个体中分化为持来(Protention),亦即被感知的对象处在一个期待视野中;而这个持往(Retention),亦即被感知的对象立刻滑入记忆。这里不仅涉及对早已过去的事件进行回溯的记忆,而且涉及意识中印象的直接回响。这种回响是某种东西成为意识的前提。比如一种声音序列只有作为旋律才能被听到和听出,倘若刚刚听到的声音还在记忆中回响,而下一个接着响起。只有借助感知着的意识中声音的这种共同在场,旋律才能形成。如果意识只能提供声音的抓拍,就不存在一种旋律的感知。

现象学研究的关键点因而是,在持来和持往之间,必须有作为交叉点的直接印象,这个*原始印象*。不过,这个点真的能被体验?不。我们体验到的它,总是仅被置入持来和持往之间的张力中。意识恰恰不提供抓拍,相反,它在其时间的自身运动中代表外部世界里时间的运动频率。纯粹的,也就是说摆脱意识生命之关联的印象,无法把握。*原始印象*与意识的工作互相交织,无法被人从这个蚕茧中剥出。面对这种*原始印象*,意识作为持来被提早,作为持往被推迟。纯粹的*原始印象*无法把握，充其量事后能被推导。对于原始意识来说，意识恰恰总是来得太迟。雅克·德里达[1]从意识的这种迟到中，发展出他的**延异**（Différance）哲学，但现在它又处在将被遗忘的状态。

结构上讲，*原始印象*的不可把握性与康德的物自体情况类似：人们得由此出发，有这么一样东西，但恰恰不是对于意识来说。但是，犹如德国以前的观念论，从无法认识的物自体中创造出一套完整的形而上学，从无法把握的*原始印象*中，也能吮吸出精神的蜂蜜。**原始印象就能被理解为始终离开我们的、完全在场的炽热的瞬间。完全的在场允诺什么？**

人们错过的东西，通常对一个人来说会显得特别重要。由此，这个无法达到的、能援及非常普通的事件的原始印象，就进入大有希望的秘密中，似乎它是某种主显节，对至今仅听见过雷鸣的人来说，是目睹闪电。与闪电的完全的同时性，显然只有这样才可能，倘若人们被闪电击中。

不管怎样，原时导致迟到。一个人失去的东西，倘若人们没有完全地处在当下的高峰，我们将永远无法准确地发现。这引发好奇。所以当时有关于意识之无法避

---

1 / Jacques Derrida（1930~2004），法国哲学家。

免的迟到和**原始印象**无法把握的理论,而这早在胡塞尔之前已被恩斯特·马赫[1]瞄准,激起一些骚动地为人所知。比如霍夫曼斯塔尔,他曾跟随恩斯特·马赫学习,陷入一种完全的危机,所谓的《坎多斯勋爵的来信》(»Chandos-Brief«)是其文学的表达。这个虚构的书信作者在那里怀疑自己的现实关系。他感到,伴随着每一瞬间耽误自己的当下,而这种当下对他来说表现为某种无法把握者。倘若这种**原始印象**停留在感知的盲点里,对意识来说,它就撕碎同现实的直接联系,而这里和现在,在某种程度上就会挂在空中,由此经验世界有陷入成为虚构的危险。

这是对关于意识之迟到的鉴定之戏剧性的反应。当然人们可以对此表现得泰然自若。有这样的可能,即原时那迟缓的影响力也有其好处,亦即它能保护意识,免受过于激烈和压迫的危害。惊恐瞬间不仅之后有,之前也有。这也可能是时间那分离的权力的一种后果:它让合适的距离形成,来保护自我,不将它引渡给瞬间的可能无法承受的澄明。

---

[1] / Ernst Mach(1838~1916),奥地利物理学家,哲学家。

第九章 **与时间的游戏**

借助语言和文字的游戏空间。时间段的发现和叙述的诞生。《卡施的灭亡》，一则非洲神话。叙述作为存活手段。文学的时间模式的一个小小的类型学，从奥德赛到巴尔扎克，从俄狄浦斯到侦探小说。生命谎言的母题。哈姆雷特的行动障碍。叙事的和戏剧的时间处理。图像的时间。拉奥孔为何不喊叫？突然性。照相术和真理。一个女人渡河。齐眉高的雪橇。芝诺的悖论。普鲁斯特不由自主的回忆图像。永恒的瞬间。音乐。

时间是一种我们被从中制出的材料。有效的不仅仅是，一切均有其时间，而且：人人有其自己的原时。在外部的事件和内在的过程中，我们经历作为消失的复仇女神的时间。我们处在时间统治之下，也为此受难。但这还不是一切。奇妙的是，我们还能与时间游戏，似乎我们是它的主人。

这始于语言。伴随着语言产生一种游戏空间。借助语言，人们超越共同地方和共同时间的边界。人们可以越过其他地方和时间互相联系。倘若两人互相交谈，他们始终身处两种时间：在他们进行联系的时间里，同时在那个他们超越它进行交流的那个时间里。他们在那里自由移动。但只要没有文字，他们在联系时就依赖同时性的物理的到场。当然，借助文字，这种自由的移动性脱离这种条件。一人写下一个文本，另一人也许很久以后读它，而他所阅读的，可能再次涉及另一个完全不同的时间。借助语言然后借助文字，一个巨大的意义世界在共同的在场性之物理世界的彼岸，敞开自身。一个古代的纸莎草纸卷，写于两千年前，今年还能被解读。比如有人1946年在拿戈玛第附近的埃及荒漠中的一块岩壁旁，在一个陶罐中发现的诺斯替教派（gnostisch）的文字——后人伪造的福音书和神秘的宣传小册子——一直还在向我们诉说罪孽的世界和允诺的拯救。到处都有类似的拿戈玛第，在那里宗教会涉及一本书。圣经是最高形式的文字，它们展示，文字能做成什么事：它们将时间的充盈纳入自身，并赠予所有时代。

通过语言和文字的媒介，时间和时间层次的一个完整的宇宙敞开自身，在那里，时间箭矢的不可逆转性无效。通过语言和文字，不仅当下的事件发生被从此到彼介绍，而且某些早已成为过去或者尚未来到、从未有过或者永远不会有的事情，可能者和不可能者，协调者和不协调者，简言之，除了在想象中任何地方未曾有过的东西，都进入世界。通过数字化的媒介，这种第二级的现实再次大规模地增长，携带的后果是，某些文化批评家警告，有失去与真实的现实之联系的危险。当然，目前人们还能区分一个虚假的和一个真实的耳光。当然，遇到虚假的和真实的侮辱，情况会困难些，而我们也知道，恶毒的闲言碎语能够杀人。

语言历史学家发现，首先得到发展的是对于标记行动类型的语言手段，亦即涉及一种过程是否已经结束或者还在持续，它是否被完成或者仅仅得到关注，它是一种主动行为还是一次被动遭受。相反，**对相对的时间段的精确标记**，恩斯特·卡西勒[1]认为是语言发展中一个**相当后来的结果**。但是，只有随着时间的区分，叙述才变得可能。

由此，能够叙述不仅成为平常事，而且也恰恰是这点，涉及起源：伟大的共同促成的叙述，神话。于是神性不再是一种呆板的、超自然的对象，相反在此在和自然的时间里展开自身。众神被从非个人的自然暴力的充盈中搬出，获得他们自己的故事，被卷入他们自己的故事。他们不再超越时间地高高在上，而是时间中的行动者。由于超自然者被扯入时间的游戏，它失去某些可怕

---

1 / Ernst Cassirer（1874~1945），德国哲学家。

性，仅仅是由于它可以被叙述：能够叙述什么，这证明自身是一种解放的重要行动，因为人们能用时间玩自己的游戏，而平时还得屈服于它。

一则非洲神话，讲述通过叙述的这种解放。文化人类学家列奥·弗洛贝尼乌斯[1]在1900年前后发布了这个故事，而它又在几年前被罗伯托·卡拉索[2]置入自己同名书的中心：《卡施的灭亡》(»Der Untergang von Kasch«)。弗洛贝尼乌斯所讲的神话如下。

卡施的国王是地球上最富有的男人。但他的生命也最悲哀，因为他知道，一段时间后他会被杀死。这个时间点由教士们根据星辰的运行而定。所以他们每夜观察天象。此事不允许间断，因为否则杀死国王的正确的时间点就无法再确定。又有一个国王，与被选为其随从的人一起被杀，而新的国王阿卡夫继承了他的财产。一个年轻小伙子从一个遥远的国家来到这里。他叫法力马斯，会打动人心地讲故事。阿卡夫和他成为朋友，希望他以后能同自己最小的妹妹萨莉一起，陪他去死。法力马斯用自己每天晚上在宫廷讲述的故事，让国王和他的妹妹听得如痴如醉。**国王阿卡夫听着。客人们听着。国王和客人们忘记喝酒。他们忘记呼吸。奴隶们忘记伺候。他**

---

1 / Leo Frobenius (1873~1938)，德国哲学家。
2 / Roberto Calasso (1941年至今)，意大利作家。

们也忘记呼吸。法力马斯的叙述犹如大麻。当他结束后，所有人犹如被一种令人舒服的昏迷攫住。国王阿卡夫忘记了他对于死亡的想法。在场者中没人发觉，法力马斯从晚上一直讲到早上。当客人们离开时，太阳已经升起。

爱上了法力马斯的萨莉，害怕死亡，希望获救。她去教士那里，想说服他们，也去听一下法力马斯讲的故事，而别总是只去观察星象。**上帝的事业伟大**，他们说，**但最伟大的是祂在天上的文字。祂最伟大的业绩是地球上的生命。**萨莉向他们解释，正是关于地球上的生命，法力马斯能讲述如此奇妙的故事。他们真该来一次，自己来证实，这些故事比天上的文字更伟大。

开始只有一个教士被说动，来听一次法力马斯讲故事，代替观察星象。渐渐的，其他教士也被吸引过来。虽然他们想每次都重新准时到达自己的观察岗位上。但他们受到故事的吸引，夜以继日，最终他们失去天上的方向，无法为杀死国王确定正确的时间点。由此，根据星辰时间的、杀死国王的严格传统消解了。国王、法力马斯和萨莉得到拯救。卡施王国继续维持了一段时间，然后灭亡。神话教导说，**对古老安排的改变……是卡施迟一些的灭亡的原因**。

这个神话讲的是与时间游戏的叙述的、针对时间那无情的统治力的暂时的胜利，而这种时间能在星辰时间上读出。当然，神话将这种胜利解释为一种付出极大代价而取得的胜利，因为这种解放证明，解放是结束的开端。在这样的价值判断中，表现了一种针对轻松，针对叙述媒介中更美好的生命的怀疑，而这种叙述无法兑现它的允诺。关于卡施之灭亡的神话，将叙述行为中与时间的、拯救生命的游戏置于衰落的怀疑下。

通过叙述的拯救生命的母题，当然也无限地表现为肯定，比如在《一千零一夜》中的山鲁佐德那里。为了推迟杀人的时间点，她讲故事。或者在薄伽丘[1]的中篇小说集《十日谈》中，为了克服对于到处肆虐的大瘟疫的恐惧，人们也讲故事。这两种情况都涉及一种面对逼近的死亡的、保证延迟的叙述。在这样的极端例子中，叙述暴露其本真的意义：作为与时间的游戏，它创造一种暂时的减负，即为向死而去之时间的、有威胁的非常时刻减除负荷。所以也有如此经常的对于死亡的叙述，因为人们能在叙述中活过死亡。

叙述遵循不同的时间模式，米哈伊尔·巴赫金[2]称此为"时空体概念（Chronotopoi）"。那是与时间游戏时的叙述的走棋，而这种走棋是在一个漫长的传统中形成和保存下来的。

存在着被叙述的生命道路的基本形式，而这些道路

---

1 / Giovanni Boccaccios（1313~1375），意大利作家。
2 / Michail Bachtin（1895~1975），俄罗斯文艺理论家。

有其站点、有有好有坏的突然会面、有纠缠和迷茫——一切在带着时间的顺序叙述。在此，街道特别适合表现事件，而它们可以被解释为偶然或者命运。主人公不时地，比如像格里美豪森[1]笔下的痴儿，不怎么特别有目的地人在半道，到处游荡或被到处驱赶，倘若他目的明确，就会讲述，如像在菲尔丁[2]的《汤姆·琼斯》中那样，情况与人们想的如何不一样，人们如何绕道，生命有时与这种众多弯路没什么两样。也会出现这样的情况，即主人公被引上歧路和迷路。但这不一定是结束，有可能也是一种大有希望的开端，因为恰恰在最大的迷惘点上，但丁开始他的《神曲》：*我接近生命的顶点，/ 此刻一座昏暗森林将我围住，而我 / 不知所措，再也找不到正路……*但丁的叙述者可能之前曾被故事缠绕，但这里没提。这个叙述者，由维吉尔，然后由已故的碧尔翠丝引导，在他穿过地狱、炼狱和天堂的路上，将自己限制在观察和倾听上。他看到许多，听见无数故事，关于生命作为灵魂考验时间的讲述，而灵魂必定结束在拯救或者诅咒中。之前已有基督教意义中的生命史（Lebensgeschichte），在这样的观点下被叙述。对此的经

---

1 / Hans Jakob Christoffel von Grimmelhausen（约1622~1676），德国小说家。
2 / Henry Fielding（1707~1754），英国小说家。

典范例已有奥古斯丁的《忏悔录》,只是在此,不管这些路程引向拯救还是诅咒,路程之决定性的终点必定是开放式的。

道路作为一种生命道路的象征,也影响了西方流浪汉小说的传统,前述的《痴儿历险记》(»Simplicius Simplicissimus«)是一例,隶属于此的还有塞万提斯[1]的《堂吉诃德》。悲哀形象的骑士和勇敢的骑士随从桑丘·潘沙共同上路出游,受虚幻的骑士小说引诱,遭遇当时西班牙的现实。他们的道路穿越空间,但也穿越时间。这类小说的主人公在空间迷路,属于常事,但他们犹如堂吉诃德,能在时间里不知所措,这是小说特别的亮点。

在生命的这样的道路上,趔趄而行的不仅是冒险家,滑稽的和有诗情画意的人物,也有严肃人物,比如歌德的威廉·迈斯特,或者诺瓦利斯[2]的海因里希·冯·奥弗特丁根。伴随着这些人物,教育小说的世界敞开自身,这些小说讲述的是,在何种弯弯曲曲的路上人成为自己是的人。事涉到达自己,也是某种回乡。**始终在回家的路上**,这是海因里希·冯·奥弗特丁根对我们究

---

1 / Miguel de Cervantes Saavedra(1547~1616),西班牙小说家,剧作家,诗人。
2 / Novalis(1772~1801),德国诗人。

竟去哪里这个问题的回答。所有返乡者小说的模式都是《奥德赛》。

在回家的路上，奥德赛受到一种不利命运的妨碍，被阻挡和分心。他被卷入糟糕的事件，比如同波吕菲谟，又爱上迷人的卡吕普索。他也可能落入食莲人，那些精通迷醉术者的控制，就像他的随从们几乎要遭遇的那样，倘若他没有将自己和他们重新扯离。**谁品尝了莲子的甜蜜果实，/ 就不再想打听消息或者回家⋯⋯/ 但我用暴力将哭泣者重新拖回岸边，/ 将他们扔到船的桨位下并用绳索绑住。/⋯⋯以便人们不受莲子诱惑，忘记家乡。**

这部史诗之所以有建立风格的影响力，是因为它已经展现了与时间游戏的全部形式财富。充满曲折的返乡之路上的事件，不仅直线地和持续地被报告，而且在叙事技巧上非常精细地得到安排和浓缩。奥德赛的报告时间始于英雄与迷人的卡吕普索的告别，结束于他的返乡和杀死求婚者——总共仅有 40 天。其余迷路的十年的事件，仅在回顾中得到叙述，大多由奥德赛自己，当他在无忧无虑者那里做客时的倒数第二个站点上，完成。属于叙事的讲述者有距离的视角的，也有奥德赛的视角，正如还有等待父亲的儿子帖雷马科的视角，而他自己也讲述有关父亲的一些事。最后还有众神之"非永恒的和有恒的层面（die zeitlich-überzeitliche Ebene）"，他们被卷入事件的同时又高高在上。

叙事的讲述在荷马那里，不仅在不同的时间视角之间移动，而且叙事速度也多种多样。有些过程犹如在时间显微镜中得到描绘，比如对求婚者的屠杀，其他有些过程在时间紧缩中被报告，比如在卡吕普索身边的日子和年月，而在那里每天如同其他日子，加在一起犹如一天。

这种根据生命道路之模式的叙述，带有在一条路段旁铺展的事件——一个直线的、在道路母题中继续存在的形式——而除了这种叙述，结构上还有其他与时间打交道的形式，比如网状结构或者迷宫形式。这对社会小说来说具有独特性。人们互相碰面，不同的前故事互相交织和缠绕一起，每个人将自己对于将来的志向带入游戏，产生冲突、纠葛、合作。联系被建立和消解，一些人飞黄腾达，另一些人坠落山崖。有些人冲入中心，另一些人被挤到边缘。同时的事件占统治地位。巴尔扎克[1]是这样一种叙述的大师，而这种叙述的安排，与其说是线性的，不如说更是网状的。

叙述地应付时间的另一种基本形式，是对循环过程的模仿。秘密在其与自然过程的休戚相关中被描绘，比如在施蒂弗特[2]那里。或者主要是重复自身的、日常生活的事情被描述，不管是为了展现乡村里停滞的时间，比

---

1 / Honoré de Balzac（1799~1850），法国小说家。
2 / Adalbert Stifter（1805~1868），奥地利小说家。

如在福楼拜[1]那里，或者处于边缘中的泰然自若，比如在汉德克[2]那里。

影响力特别大的是出自循环的时间和事件时间的组合。在一个安静的、由重复打上烙印的生命中，突然有什么东西侵入，它让人迷惑，传布恐惧或者也让人激动。在1914年死于第一次世界大战首日的法国人阿兰·傅尼埃[3]的奇妙的小说《大个儿莫纳》中，就发生了这样的事。在189……年的一个11月的周日，他来到我们这里，第一个神奇的句子这么开头，而此后不久，叙述者已经准备反思玩世不恭和突如其来的叠加：他想唤醒自己某个回忆，但已经回忆起等待的其他时刻，见到自己小心翼翼地期盼某个要走下主街的人。这次是个新学生，他被托付给老师照顾。某种野蛮和冒险从他身上散发。他以不可抗拒的力量吸引了他的同学，也包括叙述者，而他受到一种渴望的侵袭，这种渴望犹如一支箭矢，穿透日常重复的循环时间，并从此刻起不再放他离开。

这是关于线性的、网状的和循环的时间模式。一种表现方式证明自己特别具有影响力，而这种表现方式完全处于一种通过以往征服当下的标志中。这里发展出倒

---

1 / Gustave Flaubert（1821~1880），法国作家。
2 / Peter Handke（1942年至今），奥地利小说家，剧作家。
3 / Alain-Fournier（1886~1914），法国作家。

退中的情节，作为一种对以往的阐明，以及作为成功或者失败的征服。此处的典型是索福克勒斯[1]的俄狄浦斯戏剧。

这个剧本中，所有重要的情节要素，时间上早于被描绘的当下，而现实的情节本质上局限于一步一步地将这个以往揭露，直到让人惊恐。俄狄浦斯起先是底比斯不可触犯的统治者，处在其权力和声望的高峰，但城里流行瘟疫，而神示预言，只有当前国王拉伊俄斯的谋杀者被找到和受处罚后，瘟疫才会结束。这是针对自己的调查，但他不知道。他也不知道，他以前在半路上的一次争执中所杀死的人，就是父亲拉伊俄斯，而他的母亲就是那个他以后将她当成刚刚寡居的女王而娶为妻子的人。最后，以往真相大白，狂怒地突入当下。伊俄卡斯忒，俄狄浦斯的母亲和妻子，无法承受疯狂而自缢身亡。俄狄浦斯刺瞎自己的双眼，离开这个城市。

侦探故事的传统始于俄狄浦斯，也就是说，开始于可想象的最严酷的尖锐化。侦探发现自己是罪犯。他发现的犯罪的以往，是他自己的。但是，倘若没有这样的、集中于作为罪犯的侦探的尖锐化，小说或者戏剧的这种类型也已确定。这里并非必须总是有糟糕的罪孽，而暂

---

1 / Sophokles（前 496~前 406），古希腊悲剧作家。

时又无法确定任何罪犯。这里也可以讲述一种伤害，一种侮辱或者其他什么糟糕的经历，它们起先被排挤和隐匿，但然后不由自主地发生一种不祥的影响，而它只有这样才能排除，倘若可成为罪证者不管怎样被认出，被迫供认罪责和被处理的话。不过，事情经常已经太迟，而被否认的以往对当下展开报复——这也是自然主义中分析的戏剧的范例，比如在亨利克·易卜生[1]的《野鸭》中。主人公艾克达不愿知道，他深爱的女儿也许不是他的，而他自视为一名艺术家，但其实不是，而他自己暗地里也知道。剧中所有人物都有这么个问题：他们不站在自身历史的高峰。是易卜生，提出**生命谎言**这个概念。尼采有一次这样阐释他：或迟或早每个人都会替自己发明一种以往，一种自己想出自的以往。人们通常以生命的谎言尝试，保持自己的行动能力。为了不管怎样继续下去，人们替自己编造好自己的以往，欺骗自己和他人。人们逃避真理，可它终究会将他赶上。

　　人物也认识与时间的文学游戏，它会犹豫，也许行动受阻，它宁愿游戏时间。比如哈姆雷特更喜欢慢速，这在剧本开始时就清楚，那时他表现了母亲那**可怜的匆忙**让他感到迷惑，因为她在老国王，即他的父亲死后不

---

1 / Henrik Ibsen（1828~1906），挪威戏剧家。

久，就睡到新国王的床上。哈姆雷特作为法定的王位继承人，被要求进行复仇，但在为被杀的父亲复仇时，要求的是迅速。但哈姆雷特犹豫不决。他对自己的事没有把握。叔叔真是凶手？母亲是知情人？对王国复杂的权力平衡来说，他的行动会有何种后果？当他感到自己直接受到别人威胁时，比如帘子后的波洛涅斯，哈姆雷特虽然反应快速地刺去——但他还是有时间思考，觉得自己难以胜任，宁愿逃避一切。**时间乱了套：诅咒和悲痛，/我来到世界，为的是安排它！**哈姆雷特显然非常高兴地让人送自己去英格兰。他那缓慢的轮船半路上被一艘更快的海盗船俘获。他发现计划，由此他在英格兰将被谋杀，所以转回丹麦。他在那里首先碰到掘墓人，在他们那里真的什么也不用急，就宣称：**因为我尽管已经不再突然和激烈，/但我身上还是有某种危险的东西。**他的危险性最后显示。在决斗中他该根据国王的计划被杀，但他不是独自死去，他拉着雷欧提斯和国王一起赴死。哈姆雷特为自己留下时间，他的时间最后又被夺走。

至此，未区分地谈到了文学那叙述的和表现的时间。但是，涉及时间处理，这两种文学类型之间存有独特差别。歌德和席勒在他们的书信往来中原则性地讨论了这种差别，并在这样的句子上取得一致，**叙事文学作家将事情作为完全过去地来陈述，而戏剧作家将事情当作完全当下地来表现。**叙事作家保持距离，允许观众同样地保持距离。叙事的冷静允许离题和反思。接受者更会受到促动而非吸引,他会分享时间中自由的灵活性。在戏剧那里则不同:在这里,即使犹如像哈姆雷特或华伦斯坦那样的主人公显示为行动受阻,情节该让观众如此着迷,直到紧张得屏息静气。在戏剧中人们会被感动,在叙事文学中会获得自由。席勒说:**戏剧的情节在我面前活动,围绕着叙事的情节我活动自身**。也就是说,作家得决定,素材更需要一种时间的演替或者一种时间中反思的向前往后。在第一种情况中推荐戏剧的形式,在第二种情况中则是史诗或者小说的形式。事情由此变得清楚,即分析的戏剧,比如《俄狄浦斯王》或者《野鸭》,亦即关于以往的权力的剧本,其实倾向于叙事——所以在《俄狄浦斯王》那里有无数的信息报告,或在《野鸭》中有经常性的回顾性反思。即使身处以往之魔力中的哈姆雷特,也恰恰因此而同样更是一个叙事的而非戏剧的角色。

　　文学的时间处理,不管是叙事的还是戏剧的,总体上讲,再次与造型艺术的图像特征有区别。莱辛[1]以其著名的论文《拉奥孔:论画与诗的界限》,专注这个题目。造型艺术,莱辛宣称,在空间里模仿物体,在并列中让其显现。诗展开事件,造型艺术将事件一起引入确切的

---

1 / Gotthold Ephraim Lessing(1729~1781),德国戏剧家,文艺批评家。

瞬间。莱辛以古代拉奥孔群像说明了此点。

整个故事的讲述在维吉尔[1]那里可以见到，群像展现了一个动人心魄的瞬间。特洛伊的阿波罗祭司拉奥孔受到警告，别去管希腊人的木马。但他没把这个警告放在心上，因而为此受到上帝的惩罚。在海边的一个献祭仪式上，一条巨蟒从海水中出现，缠住他以及他的两个儿子。群像表现了这种致死的缠绕。拉奥孔的面部表情被痛苦刻画，但他没叫喊。莱辛的关键问题是：他为何不叫喊，维吉尔在其叙述中可让他发出震耳欲聋的叫声？他之所以不叫喊，因为这对古代英雄不合适？完全相反——莱辛指出荷马及维吉尔的描绘，那里英雄们无所顾忌地哭泣和叫喊。倘若群像中的拉奥孔不叫喊，就莱辛看来，是因为雕塑表现的美学，这种表现宁愿选择能让自己持久存在的感情表达，同时不对审美感造成干扰。被忍的痛苦正是这样一种表达，但叫喊不是。因为持续不停地叫喊，不但无法忍受，而且在实际意义中也不可能。

在感情表达上，可以想象一种连续不断的增强顺序，而表现的艺术，从这种连续不断中最好不挑选最高之点，最高的增强，比如爆发叫喊的瞬间，而是一个或几个层

---

[1] / Publius Vergilius Maro（前70~前19），古罗马诗人。

级之前的瞬间，因为审美上富有成效的是，让想象力自由发挥。在极端点上，想象力无法再做任何事情，因为在某种程度上有太多的现实。而且这是一种效果令人讨厌的现实，因为它贬低自身行动。所以富有影响力的不是一个呼喊的拉奥孔，而是一个刚喊叫过或者将会叫喊之人。较于喊叫在僵硬中被表现，想象的这个游戏空间让喊叫更有说服力。这里有莱辛的深刻见解：按我们的理解，一切现象的本质是这样，它们只是突然发生和突然消失，只能在某一瞬间暂时存在；所有这样的现象，无论它们是可喜的还是可怕的，通过艺术的延长，它们就获得一种违反自然的形状，以至于随着每次反复地观看，印象也就愈来愈弱，最终面对那整个对象，我们感到恶心或是毛骨悚然。

当然，人们不该将这种关于表现艺术中的、突然之审美缺陷的言论，当作一种教条，特别不该在观察现代艺术的发展时这样。而这种艺术在很大程度上已经脱离了对莱辛来说具有约束力的、具体的模仿。但始终有效的是，想象力必须被激发和要求，倘若该达到一种强烈的审美印象。造型艺术中对于突然的表现是否更让想象力不工作，一如莱辛所猜测，对此可以争论。但人们可以对他承认，在叙述的媒介中突然性显示得更具影响力，因为可叙述的时间延续，在那里显示为对比。

不管怎样，在此期间，受到摄影、突然之图像媒介绝妙的挑战，突然无论如何也在造型艺术中取得成功。

在此，瞬间同样受到抨击，说它想叙述整个故事，比如罗伯特·卡帕[1]关于同盟国军队1944年诺曼底登陆的著名照片。对军队来说，当时涉及小时和分钟，而对尝试固定精确瞬间的摄影家来说，涉及秒。只有在工作室（Labor）里对照片进行加工时，摄影师才能重新有时间，加强自己对于突然的影响。

照片讲述故事，但它们同时也掩盖故事。赫尔穆特·雷腾[2]令人印象深刻地展示这点，同样以出自第二次世界大战的一张照片为例。这次的照片来自东部前线。上面可见一个年轻女人，小心翼翼地涉水过河，一如照片所现，衣裙稍稍地、优雅地束在身上，水中有灯光反射。整个场面几乎给人以田园牧歌般的和夏季清凉的印象。不过事实上，一如人们在照片背后的一条记录中所见，这个女人作为探雷诱饵，被迫过河。但是，照片本身掩盖这个故事，它也掩盖以下事实，即这次凶残的行动之后，这个女人是否还活着。

以一张照片能掩盖一个故事的关键点，而一旦人们知晓这个故事，它会显得更加可怕。对此的另一个例子是来自20年代的一张著名照片，恩斯特·布洛赫[3]曾在一

---

1 / Robert Capa（1913~1954），美籍匈牙利裔摄影记者。
2 / Helmut Lethen（1939年至今），德国日耳曼学家。
3 / Ernst Bloch（1885~1977），德国哲学家。

次讨论所历**瞬间的黑暗**的关联中，亦即讨论我们永远无法完全沉着地、完全身处时间高潮中的时候，解读过它。照片显示一个弯道中的一辆雪橇，稍稍地在上部边缘下面。人们在那里可以看到显然紧张地观看比赛的观众的脑袋。短暂的一秒钟之后他们将死去，因为雪橇将越过弯道边，飞快闯入观众群。但这张照片对此还一无所知。

照片定影某种事实上还根本不存在的东西，即时间点。在被拍照的那个时间点，雪橇尚未越过边圈。运动即将把它甩出。在照片上这个运动缺席，我们得将此想象地补充进去。所以时间点是某种非现实的东西，运动在其中消失。运动发生在一种时间的延续里，而它就其自身来说没有点。这个点是由外部确定的，并非仅在拍照的时候，也在测定时。时间自己不设点，它也不测定自身——这由我们来做。芝诺[1]的悖论总是准确地发现，想从时间点出发理解时间的不可能性。倘若时间有点，那么在运动的每个点上箭矢会止住不动。从纯粹的在每个点上的静态中，不会产生任何运动。也就是说，箭矢一动不动。所以照相，不管它显得有多么地接近现实，在与时间的联系中，是将某种现实的东西固定住：运动中的静止。

---

1 / Zenon（约前 490~ 约前 425），古希腊数学家，哲学家。

马塞尔·普鲁斯特,几乎没任何其他作家能像他那样,将时间的神秘性推到其著作的中心,所以对照相术一直没什么好话,倘若他觉得时间似乎扼杀时间的真实运动性。对他来讲,照相术是那类刻意寻找的记忆图像,它们恰恰无法让一种经历过的以往那巨大的回流进入当下。

在普鲁斯特那里,事关任意的和自然的回忆之间的区别。当叙述者在《追忆逝水年华》的最后一卷中,在去盖尔芒特附近的午后演出的路上,多次经历不由自主的回忆那令人喜悦的狂喜时,他小心地将此与更是完全有意的回忆之呆滞的制作区别开。在此关联中,他使用了照相的例子:*我现在尝试从我的记忆中取出其他抓拍,那是记忆在威尼斯录下的,不过,仅仅单词本身让这个城市对我来说显得无聊,犹如一个照片展览会。*在盖尔芒特城市宫殿铺着砖石的庭院中走了几步后,他在一个不平处绊了一下,而当他几乎失去平衡时,对一次以前的威尼斯之行的回忆突然冒出。那时他在圣马克广场上,也因为一块松动的铺路石,跌跌撞撞。此刻在他眼前出现的事,不是回忆小图像,而是被经历过的生命那令人喜悦的回归。就像茶泡玛德琳小蛋糕的味道,而这给他再次送来儿童时代的魔力。这是狂喜的瞬间,而在此刻的时间里,某种似乎已经摆脱时间的事情,再被经历。即使这一切被扯入以往,那个在时间中保持自身的我的、令人喜悦的经历留存。这样一个在狂喜的瞬间体验自我的我，被叙述者有一次称为自身中的永恒之人。他藏在每个人身上，人们只需在正确的地点寻找他。人们曾在所有的、不通往任何地方的入口处敲击，但只要在这唯一的、人们可以穿过它走进和百年来似乎徒劳地寻找过的入口旁叩击，毫无知觉地，它就开启。

开启的入口是被重现找到的时间那闪光的瞬间。有多个这样的瞬间被描述，它们犹如一个玫瑰花圈，盘绕整部小说。它们不仅仅是小说中的关键场景，除此以外还是小说产生的关键场景。被重新找到的时间的瞬间，给予叙述灵感，由此将整部小说推出自身。就此而言小说实际讲述的不是别的什么，而只是其产生的历史。

属于重新寻获的时间的这些瞬间，有在巴尔贝克附近乘车途中所遇的、在风中弯腰的树木，远处清晰可见、犹如刺入蓝天的马丹维尔的教堂钟楼，玛德琳小蛋糕的味道，盖尔芒特宫殿庭院里磕磕绊绊的铺路石，还有来自虚构的作曲家凡德伊室内乐的几个小提琴动机。一旦这些母题响起，它们犹如所有之前被提及之回忆场景的一个核心起效，而这些回忆场景让叙述者滑入一个超越时间的王国，这个王国又从时间中，不过是重新获得的时间中，赢得它的魔力。

是叔本华，他曾经想到，音乐中的事件发生，倘若某种东西从象征性的织物中腾身而起，并重新在里面消失，可以作为世界整体的象征来解读，其中个体意志暂时地作为个人，作为单个意志显露，然后重新在整体中，在*世界意志*中，沉没。叔本华甚至走得更远，将音乐视为某种在一切认识和一切其他艺术类型之前，能表达*世界最内在的本质*的事物，而且恰恰依靠其与时间的内在的关系。这种对于音乐的哲学解读，不久之后将激励有哲学雄心的作曲家理查德·瓦格纳[1]，创作其整体的艺术作品，而这不多不少地作为一种暂时的拯救，允诺一种审美的升天节。

作曲家贝尔恩德·阿洛伊斯·齐默尔曼[2]在其对于《音程和时间》(»Intervall und Zeit«)的研究中，虽然避免从前的高度激昂的乐音，但是对他来说，音乐中会产生时间和瞬间的令人着迷的统一，倘若垂直地安排的乐音排列，平行地在乐音次序中，时间上错开设置，而他还将音乐称为*有秩序的时间*，一方面通过乐音高低及和弦，另一方面通过韵律的和节奏的顺序来设定这种音乐。在和弦中产生同步地被体验的时间，亦即同时性，在音调顺序中是被历时地体验的时间，亦即时间上的演替。这些时间形式当然始终互相联系，因为即使音调高低（包括从它们的叠加中产生的音色）也产生自频率，亦即产生自每个时间单位的振荡。齐默尔曼所以说，*音乐在人和时间之间设置的秩序，整体上来讲是运动的一种秩*

---

1 / Richard Wagner (1813~1883)，德国作曲家，音乐家。
2 / Bernd Alois Zimmermann (1918~1970)，德国作曲家，音乐家。

序，这种运动以特殊的方式将时间性带入意识，并将人引入对有秩序的时间之内在体验的一种进程中。

音乐以完全特殊的方式对流逝作好准备，较于纯粹的形式，也许它更是流逝。其间，犹如叔本华或者普鲁斯特这样的激情主义者，受到柏拉图的激励，在此所发现的不是别的什么，而是时间和永恒之间神秘莫测的关系。

第十章 被充实的时间和永恒

柏拉图的永恒和对于持留之当下的日常体验。
忘却时间的投入。宗教和世俗的神秘。审美的伟大
瞬间。尼采。霍夫曼斯塔尔,普鲁斯特和阿多诺。
追求不朽。延长生命期限。灵魂不死?苏格拉底之
死的原始场景。无法不想思想。基督教的复活信仰。
更高级的自私自利?放手及其问题。

不仅狂热的知觉寻找某些超越时间的东西。永恒早
已是宗教和形而上学的题目。它与无尽延长的时间有些
不同。它完全就是某种与时间不一样的东西。人们接近
它,环绕它,因为人们不认可时间的绝对性要求:一定
有某种超越时间的东西。柏拉图,作为首批明确思考过
与时间不同的永恒——希腊语是"aion"——的人之一,
称永恒者为一个原始图像,而时间仅是对此的一个缩小
的摹本。永恒从时间那里接受的不是别的什么而只是持
续的当下存在,在一个集聚的当下中的时间的充盈。

在《蒂迈欧篇》这部西方的时间推想的基本文献中

有：最高等级生灵的自然，曾是一种永恒的自然，而完整地将它转移到被产生者之上，恰恰不可能；不过创世者对永恒给出一幅动荡的图像，即白天，黑夜，月份和年份，而这在宇宙产生之前是没有的……但这一切是时间的部分，这个曾是和将是，为产生的时间的形式，尽管我们错误地，但没发觉这点，将这些形式赋予永恒的存在……而根据真实的说话方式只有这个"是"适合它，而"曾是"和"将是"这样的表达，人们相反只能对在时间中进展的变迁使用。

这个产生的时间是演替的时间。一种无限的时间顺序还不是永恒。倘若永恒要与时间有什么不同，那么它不能有演替，因此它是经久的当下，没有早先和往后，没有以往和将来。而对于这样一种被设想为不受时间限制的永恒，那个一如我们经历的、带有早先和往后的时间，只是一个纯粹的摹本。这个摹本必须同被摹者有一种类似。存在着这样一种被经历的时间的方位吗，而它能证明同无限有一种相似？存在着对于时间的经验吗，而这种时间至少从远处看来让人想起永恒之持续的当下？

有这样的时间，它离我们很近——我们每天与它打交道。涉及一种毋庸置疑的，但本真的又是自相矛盾的经验：人们经历的时间虽然是流逝的，但这种流逝着的时间对经历它的人来说，始终穿越一种当下，而留存的是当下的这个现在。当下总在。路德维希·维特根斯坦[1]曾说，倘若人们将永恒不是理解为无限的时间持续，而是非时间性，那么活在当下的人，永恒地活着。当下是那个自身不是时间的针眼，而时间穿过它而去。它全然是坚忍之物或者如叔本华有一次表达的那样，那种垂直物，而水平的时间流逝将它切割。倘若古老的形而上学尝试着将永恒想象为无限，那么它悄悄地也指向这种持留的当下之窗，它虽然在某种程度上神秘莫测，但属于对时间的日常体验，尽管人们几乎不专门注意它，仅少有地将它从经历的河流中拉出。为什么还有这样的事？人们大多被时间中的事件携带。人们注意到，当下发生着什么，而非关注当下自身。当下通过消失在当下的事件后面，作为当下隐藏自身。

奥古斯丁在寻找永恒的道路上同样碰到当下的永久性，将以往、当下和将来的三个时间维度最终共同浓缩到一点上，即有三重关系的当下上：*以往的当下，当下者的当下，以及将来者的当下*。这里的将来和以往仅作为当下存在。当下将其他两个时间维度绑入自身。根据这个模式，奥古斯丁也想到永恒。它犹如生命中的那个不消失的东西，而这正是当下的恒久。每种事件是过去

---

1 / Ludwig Wittgenstein（1889~1951），英国哲学家。

的，当下之窗留存，而正是通过它，我们眺望和经历事件。就此而言，当下是小永恒。

时间和永恒之间的另一座桥梁，同样经常和每天被人行走。那是人们通过投身于某物或者某人时，在其中遗忘时间的瞬间，因为人们忘记自身。

人们从什么东西中出现，在一个自然印象中、一幅图像中或者一个声调中又失去自身。尤其是艺术优待这种忘我沉醉的逗留。叔本华就曾这样定义艺术能提供的幸福：我们为这个瞬间而在，他写到，**摆脱了可鄙的意志冲动，我们庆贺意愿的监狱劳役的安息日，伊克西翁的轮子静止不动**。

不过，不仅在艺术中，而且也在爱情的幸福中，时间看上去会刹那静止。无论如何人们遗忘时间，由此人们也忘记自己，忘记他的操心、兴趣、苦恼和责任。自我遗忘也是时间遗忘——相反也同样。此外这不一定意味着冥想的无所事事。它只意味着，人们完全专注于某件事或者某个人，而非在想这样的问题，即人们从中能获的什么好处，而人们也没凝视某个人们觉得必须填满或者打发的时间。从事要求一个人完全投入的工作时，人们全身心地在场，而这些工作让时间消失。人们抬眼望一下，感到惊讶，在此期间有多少时间流逝。这是密集的瞬间。但是，通常的工作不提供这样的保护，因为它们并非用足地聘用一个人，因为时间，一如我们在无聊的例子中所见，总是透过稀薄的织物闪现。这样的时间不会简单地让人忘记。必须有流连忘返和尽情投入的瞬间，它们才能赋予我们关于无限的暂时的感觉。

人们也可以将时间推入一个距离，途径是明确地将其当成思考的对象，犹如这里也在发生的那样。人们虽然也注意时间的流逝，但是以理论的姿态，而这能起到令人满足和得到解放的效果。更多的是，甚至还有理论的一种幸福——亚里士多德曾经称赞这点，并将一种贡献给理论的生活视为最佳生活。以理论的姿态人们或许能有一段时间，想象自己脱离时间的权力。聪明的思想家，比如英国哲学家约翰·麦克塔格特[1]。他甚至成功地以细致的分析证明，时间仅仅是语法上的幻影。当然，即使这样的理论家也不得不发觉，当他们发展了这样的理论后，时间还在流逝。那些否认时间的理论同样也消耗时间。不过，这里同样一直对专注完全有效的是：人们可能在其中遗忘时间地沉沦。

在专注的瞬间里，时间意识暂时的消失，犹如持留的当下性，完全是个日常现象。不那么常见的，是被充实的时间或者被取消的时间中的大的瞬间，而这属于西方的神秘主义或者东方的冥思默想和顿悟的传统。时间的消失在此具有一个重要作用。埃克哈特大师[2]谈到这个

---

1 / John McTaggert（1860~1949），英国哲学家。
2 / Johannes Eckhart（1260~1328），德国神学家。

"nunc stans",即停止的现在,这个顷刻(Nu)。这样的经验通常被与神灵的图像联系起来,一如每种历史宗教的关联所提供的图像。不过在本质上这类经验可以脱离这样的图像,而神秘主义者也非常关注这类经验的纯洁性:它们应该独立于教条主义的信念。

19世纪末出现一种新的,人们可以说:一种世俗的神秘主义。涉及的更是根植于审美而非宗教范围中的经验。缺少传统的上帝指涉,眼下这个伟大的、给人以灵感的瞬间受到召唤,而它将我们扯出通常的时间过程。在尼采那里,出自《瞧,这个人》中的句子,犹如军号吹起:19世纪末叶,有谁对强大时代的诗人们所称的灵感提出过明确的概念呢?假如没有,我打算来作一番描述。接着是激昂的,间或几乎是狂喜的句子,尝试去把握一种不管怎样无比可怕的事件。启示这个概念,如果指的是"某物(Etwas)"以无法言说的可靠性和高雅性突然变得可见和可闻,而这个在最深刻处震慑和降服一个人的某物,径直描绘这个事实情况。

这个某物是那在西尔瓦普拉纳的苏莱岩石旁振奋人心的澄明经历,之后不久,尼采从中费力不小地发展出永恒轮回的理论。对这种理论来说,瞬间不是飞逝的现在,而在内部含有一种永恒,因为一切发生的事,业已发生过,并还将发生。在这样的理论中,最初的激情的熔岩也僵化为一种物理学的构造。它可以这样简单地归纳:宇宙的力的数量作为物质或者能量是有限的,但时间是无限的。在这个无限的时间里，一切可能的物质和能源状况，亦即一切事件，曾经有过，而它们将无限地重复自身。所以时间仅仅是个前台现象，因为没有任何东西真正消失，一切会重新返回。太阳底下无新事。这就是这个理论。在最初的灵感中，一切还更加活跃，因为当时尼采觉得，似乎一种永恒在一个瞬间之上保持平衡——一个有着无法描述的充盈的狂喜的时刻。在这个理论中产生了始终同一的静止的现在。所以这个理论能成为经验的死者面型，而它是理论的基础。

理论不一定必须系统阐明，有时几句话或单个概念已足够，而伟大瞬间的生命就有在其干硬外壳下僵化的危险。霍夫曼斯塔尔就在其业已提及的1902年的《坎多斯勋爵的来信》中，在此意义里，针对语言捍卫经验的澄明。因为他担心这种语言会夺走他最好的东西：*对我来说一切瓦解为部分，部分又分成部分，不再有任何东西能被一个概念囊括。*当然这封信自身又证明它所断言的对立面，因为显然作者尚未失去这种能力，*总结性地思考或者言说某种事情*。坎多斯勋爵没有沉默，反而技艺精湛地侵入那所谓不可言说的领域，在那里发现*喜悦和活泼的瞬间*，而在这样的瞬间里，一方面事物、人和情状如此地对他说话，以至于它们显得被一种*更高生命之泛滥的潮水*所充溢，而另一方面他还觉得，似乎时间静止，而事件变化为一幅带有*崇高的标志*的图像。这类狂喜的和审美的瞬间，散布在霍夫曼斯塔尔的全部作品中。以其《诗人与这个时代》(»Der Dichter und diese Zeit«, 1907)中一处为例。那里有言:在一个迷人的瞬间,一切对他来说同样近,又一样远:因为他感到与一切有某种联系。他没有失去任何以往,也没有任何东西能给他将来。在一个迷人的瞬间,他是时间的征服者。

这种对**有魔力的瞬间**的要求,人们感觉自己超越时间的瞬间,并非在现代才出现。这里的现代仅仅是,这样的超验体验不再依旧在宗教里,相反在审美中被寻找和找到。比如从里尔克[1]、斯特凡·格奥尔格[2],罗伯特·穆齐尔[3],一直到詹姆斯·乔伊斯[4]那里的主显节。

不过这确实不仅仅是一种俗语,倘若有人以其审美的经验自称为**时间的征服者**,那么在相应的神秘莫测的**有魔力的瞬间**,究竟会发生什么?每次肯定不同,但共同的应该是一种感知,在其中时间似乎静止——不是僵化,而是聚集——而现实浓缩在一种精简闪光的图像里。阿多诺说,每部艺术作品是一个瞬间;每部成功的作品是一次就职,是过程的片刻的中断,它作为这种过程呈

---

1 / Rainer Maria Rilke(1875~1926),奥地利诗人,作家。
2 / Stefan George(1868~1933),德国诗人。
3 / Robert Musil(1880~1942),奥地利作家。
4 / James Joyce(1882~1941),爱尔兰作家。

现在坚定的目光前。

艺术的瞬间当然也有其持续,以及它时间上的延伸,但它划出一个框子,在其时间之内人们可以体验到在其时间之外不一样的东西。为了这个另外的质量能得到精确的经历,自然也有必要让艺术外的现实隐秘地作为对照保持在场。人们无法胜任这个艺术的瞬间,倘若他无法让他所脱离的东西或者他所设定的框架保持在场。正是这种框架,这种同日常性的切割给予艺术其特殊的瞬间特征。这种瞬间,只有作为审美的例外才能发生一种神秘的吸引力,人们片刻间脱离本身的时间,受到一种其他时间的打动,直到有这样的感觉,愿意在一幅图画中,在一个被叙述的时间里,在造型的音调中消失——似乎那里有某种拯救把我们等待。通常的时间延续被中断,通往另一个世界的入口开启。而因为我们始终可以穿它而入,因为它仿佛在等待我们的拜访,因为它接受来到的每个人,并放走每个离去者,我们就把关于某种持留者的印象与之联系在一起,而这种持留者也能抵抗时间,即入口和一切其他在里面活动的时间。这是艺术的瞬间的小小的永恒。

这之所以是一种小小的永恒,是因为一个艺术家的精神在里面得以生存,为后人打开一个他们能进入和在那里逗留的精神的空间。艺术家是否能为自己本人,改善了对于死后的一种永生的前景,这点未必可能,但对我们来说,他以其作品以及在其作品中,从死者群中复活,而我们在他的精神中聚集一处,即阅读他,他就身处我们中间。普鲁斯特曾对此,利用描写贝戈特之死的机会,写下一个奇妙的句子:人们将他抬往墓地,但在这整个哀悼之夜,在灯火通明的橱窗里,他当时被安排成三卷的书,犹如带着展开的羽翅的天使苏醒:对这个已经不在的人来说,是他复活的象征。

在《追忆逝水年华》的最后几页,那里讲述叙述者如何经过一系列的灵感后终于感到自己有能力,开始那部著作,其中重被找到的时间的永恒价值将能显示,而在这样的瞬间,因为他觉得自己就是那个将超验的世界囊括在自己身上的人,有个想法犹如闪电击中他,即他每时每刻都能遇到死神,由此他精神宝藏的永恒价值也会消失。我觉得自己是一部作品的承载者,现在发生一个事故,而我在此会寻死,对我来说值得害怕,对了(和这部作品对我显得必要和不会过去一样的程度)几乎荒谬……

荒谬的是,一种永恒价值与一个会死的承载者联系在一起。叙述者在其作品中感到超越死亡,而现在因为这部作品的缘故,对于死亡的恐惧重新返回。会死始终是个丑闻,也恰恰因为,倘若人们以为自己创造了某种脱离非永恒性的东西。

每个生灵反抗自己的终结,显然害怕死亡的直接威胁。更会感到害怕的是这样的人,倘若他能继续预见,了解自己的必死性。

为了延长生命和为了推迟界限的努力，自古以来是一种本能，而当下人们在此已获相当的成就。随着现代卫生和医学的进步，人的平均年龄显著提高，显然还有继续提高的可能，不过带来令人难受的后果，即也带来老年的局限性，比如不得不更长久地忍耐的痴呆。好处是矛盾的：面对一种缺少现代医学将根本无法经历的老年，人们发出迟暮之光。不过即使对此能找到协助，总有那么一个结束的时候，而身体的力量最终耗尽自身。

在意识中有那么一种独特的矛盾。一方面人们了解自己的必死性，另一方面我又无法从自己内部出发思考自己的终结。从外部出发不是问题。我可以很好地想象一个没有我的世界。我也能想象我的死亡，我的尸体，葬礼，留下者，一个没有我的完整的世界——但我自己得留存，以便自己能够想象这一切。西格蒙德·弗洛伊德有一次这么说：*自己的死亡也不可想象，不管我们对此如何进行尝试，我们会发觉，我们其实继续作为旁观者留在那里。*他从中得出的观点是，*在无意识中每个人对自己的不死性坚信不疑。*

不仅仅在无意识中。意识一直以来有许多念头，以便摆脱这种矛盾性，让自己相信一种不死性。对此的出发点一直是对与身体的现实不一样的、精神之不同性（Andersartigkeit）的有效体验。术语自柏拉图以来就有变化。比如我们今天几乎不再谈"灵魂"。但是不管怎样，一直被描绘的精神和心灵的现实，给人的感觉与从外部得到的不一样，这点上没任何变化，从中一直还可以得出结论，而它们足够导向不死的希望。

对于不死的希望，受到某种发现灵魂的方式的滋养，其途径是将灵魂当作一个与身体分开的，尽管与身体交织和使身体具有生机的力量。这种肉身／灵魂的二元论比柏拉图还古老，但柏拉图给予它经典的哲学表达。比如在对最后的谈话和对苏格拉底之死的描述中，得到示范性的展示。那是对于灵魂不死的哲学信仰的原始场景。几个世纪后，基督受难的原始场景，成为对于重生的信仰，而这当然获得另一种完全不同的意义。

柏拉图让他的苏格拉底说，哲思是**灵魂从肉身那里的解放和分离，是尚在身体和灵魂混合状态中，将灵魂为自己单独所有的尝试**。不过，倘若人们将灵魂为自己单独所有，人们拥有什么？对苏格拉底来说灵魂不仅仅是情绪和感情，即人们今天所理解的"心灵（Psyche）"；它更是精神的生命原则。这是一种与身体的现实处于紧张关系的精神。那里有生成和消失，以及时间的权力。但精神能让自己脱离变化和变迁一段距离。比如一种数学的方程总是和到处有效。或者对于不同的时间存在着许多不同的椅子，但在这一切之中保持着一种照旧不变的椅子的观念。一种思想虽然受到变化着的感觉印象的滋养，但它具有从内部分解自己的倾向：它能抽象化。由此它赢得一种独立于感官及其时间顺序的移动性，而这种移动性赋予它一种主权，以此它甚至能部分地控制感官世界。概括地说，这意味着：精神能迁移体现的现实。也能迁移死亡吗？

是的，也能迁移死亡。这是柏拉图坚定的回答。哲学对他来说不是别的什么，而只是精神的祈祷练习，而这种练习早在灵魂和身体的最后分离之前的死亡中，已经完成。身体在时间中消失，但灵魂保存。它是人身上的永恒者，尽管与时间的现实还混合一处。一切取决于破除混合是否成功，准确地说：人们是否能纯粹和单独地为自己，体验那个摆脱了与身体结合的灵魂。柏拉图认为这是可能的。柏拉图的苏格拉底和由他建立的形而上学传统，在精神的自身体验中寻找灵魂不死，而这种精神将意识到它超验的能力。起决定性作用的不是人们为了说明灵魂不死的原因能为自己想出点什么。柏拉图的苏格拉底也为自己想出一些什么，总结出四个受到他的学生质疑的**证明**。对此他自己也仅仅同意一种**可能性**，他称之为一种**救生小船**（Notkahn）。最后情况依旧：可靠性处在思维自身的超验的行动中，而非处在单个的证明中。

在摆脱时间的观点中，柏拉图主义是一种尝试，在时间上受限的人身上发现永恒，而且在一种精神的自我体验的形态中，而这是一种相信自己摆脱了肉身的精神。柏拉图的思想处在一种具有强大影响力的尝试传统的开端。人们尝试在精神的自我体验中找到坚持的一个避难所。关于灵魂不死的观念当然没有得到足够的理解，倘若人们在其中仅仅见到关于一种神秘的将来的玄思。其实这主要涉及一种品质的内在化,这种品质不是将来而是现在能够和应该去经历和被经历。在此处,伦理学的重要性一直没被注意到。灵魂将伴随着死亡才离开身体,但它现在已经开始摆脱身体的欲望,显示其主权,而这意味着,它与身体不同,拥有另一个家宅。柏拉图式地去理解,它是不死的。这是它不可丢失的特征。

现在发生这样的事,灵魂在与身体的联系中也会受污染。从这个思考角度出发,柏拉图建立一种与古老的灵魂变迁理论的联系。犹如在古代印度的传统里,他首先让不足取的灵魂在不足取的身体里重新诞生,并以这个方式让灵魂为其污点,梵语羯磨(Karma),忏悔。也就是说,灵魂必须参与一种洗涤灵魂的程序,穿越一种印度的时间和形象序列,直到它们,印度地在涅槃(Nirwana),希腊地在仙境(Elysium)中,达到完全的纯净。也就是说,灵魂一方面从其出生来看就是不死的,同时它还必须替自己赢得其更高层次的不朽。

柏拉图的不朽的理论的出发点是,对此业已提及,肉身/灵魂的二元论。虽然人们今天还有理由地区分身体的过程和与之相连的精神和灵魂的状态,并且注意到,倘若人们想避免这种二元论,必须思考到,这两个领域不互相缩减。不过与柏拉图主义不同的是,几乎不再有人一方面从思想和情感,另一方面从大脑和身体状况的差异中,去发展灵魂的不朽的观念。相反的情况是:精神可以思考出许多东西，不过它会停止思考，一旦大脑不再得到供血。人们可以想象一个死亡的大脑，但一个死去的大脑不再拥有想象。所以，精神和灵魂，即使有别于身体，会与它们所属的身体一起死去，对此不存在任何理性的怀疑。

拉开距离也可发觉：历史上如此具有影响力的柏拉图的思想，完全从内部出发得到发展，即从精神的自身体验出发，而这种精神无法想象自己的停止。这赋予这种思想在最初的瞬间一种使人惊讶的澄明，然后也证明自己是缺陷，因为意识不仅仅从内部体验自身，它也可以从外部打量自己，并将其当成对象。这种情况不断发生，而这种拉开距离的观察方式，促成客观化的科学。不过，从这个观点出发，世界是一个生成的、消逝的和有死的世界，即使那个有能力把握这一切的精神，也受这样一个世界牵连。世界在脑袋里，但脑袋也在世界中。

仔细推究，这个论据，即对于想象自己不在的思想之不可能的论据，逻辑上太弱，但这里恰恰不仅仅涉及逻辑，而且还涉及不可抗拒的原动力，即无条件地坚持生命，而这种原动力又与完全能够想象自己的非生命的不可能性，联系在一起。

在西方传统中，关于灵魂之不朽的观念，通过基督教对于复活的信仰被叠加。这种信仰起先表现为与灵魂不朽的观念的决裂。因为对复活信仰来说，灵魂首先与身体一起死亡，然后又同身体一起复活。对原始基督教来说，一切的取决于，耶稣的坟墓是空的，他带着肉身和灵魂复活并升天，并将从天上返回，对那些依旧活着的人以及复活的死者进行审判，将他们拯救入永恒的生命。保罗相信这点，在他那个时代已期待天主的重返——*我们，这些生活着的和活下来的我们……将迎着空中的天主被移入云朵，也就是说将永久地在天主身边*。他处理了这个信仰并在当时的世界里取得了巨大成功。

复活的前提是死亡，也包括灵魂的死亡。这里，首先无论如何，不存在柏拉图式的关于肉身和灵魂的二元论。这不是说，人的一部分，即灵魂，会继续生存。相反，整个人死去，他作为这整个的人将复活和被审判。

这一切很难相信，所以复活的信仰最终又被与之相比更加明了的、关于灵魂不死的观念叠加。人们不愿如此准确地想象腐朽的、被蛆虫啃咬的肉身的复活。不过，这无法改变，数百年来人们相信这点，即使神学对于这个信仰其实一直存有困难，特别是，倘若这种信仰自然主义地或者甚至超自然主义地存有。

基督教新教神学家和宗教学家保罗·田立克[1]，在其关于复活和永恒生命的学说的大作《系统神学》的最后，相当无助和几乎绝望地断定：**对于精神的维度来说，这**

---

1 / Paul Tillich（1886~1965），美籍德裔神学家，哲学家。

种维度在其所有的功能中将自我意识设为前提，永恒的满足不可能失效，同样不太可能失效的是生物学的功能由此还有肉身。更多的无法再说。

也许神学地真的无法再说什么，但在历史的观点中凸现这样的印象，即至少西方文化圈的人，在过去几千年中受到对于灵魂不朽、灵魂变迁、最终还有死者复活的信仰的支撑，显然一直发现途径，不必去想象一种个人生命的极端的终结。总是有办法继续前进，人们相信，并容忍为此承担其他恐惧：倘若人们相信死后的一种生命，那么必定有一点依旧不明，人们是属于被拯救者，抑或属于被诅咒者。

那个从今天看来很难让人相信的、关于整个人的复活的观念，也在世俗的世界里留下深深的痕迹，因为它曾有助于标准的，即使不一直是实际的个人的高度评价。人在当时曾被视为无双的个体。从基督教信仰中生发出这样的确信，事情取决于个人自己，倘若这个人被上帝在某种程度上用"你"来称呼，而人们反过来在私下交谈中，同"他"说话。这提高了个人的价值。

这同时也支持个人，去无条件地坚持自身。而这可能会成为问题。将自己救入神秘的永恒，这种绝对的渴望，无论如何在其寻常的形式中不得不忍受**自我中心论**的指责，犹如恩斯特·图根特哈特[1]所说。即使对像马克斯·舍勒[2]这样的哲学家来说，基督教的复活信仰中的自我指涉，也是令人讨厌的。而他出于形而上学的原因，面对基督教和天主教的信仰，还完全持开放态度。他说：*复活的神秘主义将死亡的严肃转变为一种假面舞会，还将自私自利的冲动美化为肉体保存（基督，肉体的复活）。*

关于末世的一种独特的自我指涉，将基督教的信仰同循环的时间和生命见解或者同东方的智慧，特别同佛教的禅宗区别开。在后两者中，自我并非如此地占据中心位置。

循环的观点涉及一种持续，它并非集中关注单个的人。体验循环意味着，一如前述，不仅将时间经历为由生成和消失组成的线性的事件，而且也经历为日日、年年、太阳和月亮的周期、植物性的和其他生命之循环的永久的复归。

循环的时间是有机的时间。谁信任它，就有准备，超越个人的生命过程，途径是他将有限的自身生命理解为一种具有决定性意义的生命过程的插曲。通过个体生灵的死亡，生命在总体上修复自身。这里经常这样，简单的生命体，比如单细胞的生灵，比复杂者坚持时间更

---

1 / Ernst Tugendhat（1930年至今），德国哲学家。
2 / Max Scheler（1874~1928），德国哲学家。

长。死亡找到某个人物和关联,而这意味着有机的物质并非消失,而是产生变化,创造出新的生命。古老的表达方式——据此个体的生命重新消解在**整体生命**中——非常确切地道出这个过程。个人若能真正在全面的生命进程的观点中体验其个人的死亡,他就能在死亡中发现生命。这可能带来某种慰藉。流传自古希腊医生阿尔克迈翁[1]的一句神秘的话,汉斯-格奥尔格·伽达默尔[2]也曾予以注意,有此意义:**人之所以必须死去,因为他们没学会将终结与开端联系起来。**这句箴言可以这么理解:倘若世人学会将终结与开端联系起来,他们就能感到被置身于再生的生命过程,这样他们就不再会将自己的死亡理解为生命的毁灭,而是理解为进入广博的生命的内省。这样的要求过多,因为它的前提是,有能力不考虑自己,将自己的早已不在场视为同样的参与,似乎自己还身处那里。人们得在内心能参与一种将他排除在外的将来。但这种将来真的已将一个人排除在外?不,将来不做同样的事。一个人只是自己有此感觉,倘若他无法停止将一切联系到作为中心的自己的身上。这样的话,人们也无法对此感到高兴:即使没有自己,生活也依然在继续。这样的话,人们甚至会对生命感到生气,因为它在其他

---

1 / Alkmaion(约前570~约前500),古希腊医生。
2 / Hans-Georg Gadamer(1900~2002),德国哲学家。

人身上继续——由此产生许多怨恨和绝望。相反,"与世长辞"这样的表达方式,表达了一个深切的真理,因为它不带嫉妒地欢迎他者的继续生活。

对此还能说些什么,不过一切归结于这样的洞见,死去和死亡可以忍受,倘若人们能够做到,放手。

这说来容易——为什么放手这么困难,不仅与别人,而且与自己告别这么困难?指出道德上成问题的自私自利还不够。我们平时可还曾这样受过训练,以客观的立场去克服纯粹的主观性。我们也习惯于接受每种客观的立场,由此出发,人们可以瞥见一种缺少某人也足以应付自己的现实。但是,放手时需要做什么,倘若不仅仅要有这种我们一直有能力获得的客观视角,而且还要有所超越:将这种客观的视角与主观地赞同的感情一起贯彻的能力,亦即将内视角与外视角融合一处。人们必须有能力感到与一种现实友好相处,尽管人们不再参与这种现实。在我出生之前,我可是不在场,为什么将来的缺席会让我更加的不安?也许这与业已述及的自己意识到的生命的困难,即想象自己的缺席的困难有关。在此,缺少之前的在场的一种不在场不是问题:问题更是一种消失的不在场。

为什么这是一个问题?因为那曾是一种对一个世界的在场,倘若这个在场消失——那么世界留在何处?当然留在这里,从客观的立场出发我对自己这么说。不过,有荒谬的不安,犹如一根刺,留下,不仅我从世界里消失,而且整个世界消失,因为它曾是我的而且不存在另外一个。这是虚无的深渊,在此之前,世人震身而退。

对一种主观的意识来说,伴随自身的消失,一切对它来说滑入虚无;而对一种客观的意识来讲,世界和时间此后继续行进。二者之间这种难以忍受的紧张关系,看来几乎无法消弭,相反最终得被忍受到开放的终结。

# 参考文献

Theodor W. Adorno: Gesammelte Schriften. Frankfurt am Main 1970
Alain-Fournier: Der große Kamerad (Le Grand Meaulnes, 1913). Übersetzung Arthur Seiffhart. Konstanz 1946
Hannah Arendt: Vita activa. München 1960
Aleida Assmann: Ist die Zeit aus den Fugen? München 2013
Jan Assmann: Steinzeit und Sternzeit. München 2011
Augustinus: Bekenntnisse (397–401 n. Chr.). Eingeleitet und übertragen von Wilhelm Timme. München 1982
Michail M. Bachtin: Chronotopoi (1975). Frankfurt am Main 2008
Ulrich Beck: Risikogesellschaft. Auf dem Weg in eine andere Moderne. Frankfurt am Main 1986
Samuel Beckett: Warten auf Godot (1952). Frankfurt am Main 1970
Alfred Bellebaum: Langeweile, Überdruß und Lebenssinn. Opladen 1990
Walter Benjamin: Das Kunstwerk im Zeitalter seiner technischen Reproduzierbarkeit (1936). Frankfurt am Main 1963
Henri Bergson: Zeit und Freiheit. Frankfurt am Main 1989
Henri Bergson: Philosophie der Dauer. Textauswahl von Gilles Deleuze. Hamburg 2013
Peter Bieri: Zeit und Zeiterfahrung. Frankfurt am Main 1972
Ernst Bloch: Das Prinzip Hoffnung. Frankfurt am Main 1954–59
Ernst Bloch: Verfremdungen I. Frankfurt am Main 1962

Hans Blumenberg: Lebenszeit und Weltzeit. Frankfurt am Main 1986

Hans Blumenberg: Beschreibung des Menschen. Frankfurt am Main 2006

Jorge Luis Borges: Das unerbittliche Gedächtnis. In: J. L. B.: Blaue Tiger und andere Geschichten. München 1988

Bertolt Brecht: Werke. Berlin und Frankfurt am Main 1988 ff.

Roberto Calasso: Der Untergang von Kasch. Frankfurt am Main 1997

Albert Camus: Der Mythos von Sisyphos. Ein Versuch über das Absurde. Hamburg 1959

Elias Canetti: Die Befristeten. München 1964

Ernst Cassirer: Philosophie der symbolischen Formen. Darmstadt 1953

Steven Cave: Unsterblich. Die Sehnsucht nach dem ewigen Leben als Triebkraft unserer Zivilisation. Frankfurt am Main 2012

E. M. Cioran: Vom Nachteil, geboren zu sein (1973). Frankfurt am Main 1979

Dante Alighieri: Die Göttliche Komödie. Deutsch von Karl Vossler. Zürich o. J.

Friedhelm Decher: Besuch vom Mittagsdämon. Philosophie der Langeweile. Springe 2003

Gerhard Dohrn-van Rossum: Die Geschichte der Stunde. Uhren und moderne Zeitordnungen. München 1992

Günter Dux: Die Zeit in der Geschichte. Frankfurt am Main 1989

Albert Einstein: Mein Weltbild. Klassiker des modernen Denkens. Stuttgart o. J.

Norbert Elias: Über die Zeit. Frankfurt am Main 1984

Daniel Everett: Das glücklichste Volk. Sieben Jahre bei den Pirahã-Indianern am Amazonas. München 2010

François Ewald: Der Vorsorgestaat. Frankfurt am Main 1993

Kurt Flasch: Was ist Zeit? Frankfurt am Main 1993

Manfred Frank: Zeitbewußtsein. Pfullingen 1990

Julius T. Fraser: Die Zeit. Auf den Spuren eines vertrauten und doch fremden Phänomens. München 1991

Sigmund Freud: Freud-Studienausgabe. Frankfurt am Main 1974

Leo Frobenius: Kulturgeschichte Afrikas (1933). Berlin/Darmstadt/Wien o. J.

Hans-Georg Gadamer: Über leere und erfüllte Zeit (1969). In: Zimmerli et al.: Klassiker der modernen Zeitphilosophie. Darmstadt 1993

Karlheinz A. Geißler: Alles hat seine Zeit, nur ich hab keine. Wege in eine neue Zeitkultur. München 2011

Antje Gimmler / Mike Sandbothe / Walter Ch. Zimmerli (Hgg.): Die Wiederentdeckung der Zeit. Darmstadt 1997

Peter Glotz: Die beschleunigte Gesellschaft. Kulturkämpfe im digitalen Kapitalismus. München 1999

Karen Gloy: Philosophiegeschichte der Zeit. München 2008

Johann Wolfgang Goethe: Sämtliche Werke nach Epochen seines Schaffens. Münchner Ausgabe. München 1985–1998 (Hanser Klassiker)

J. Richard Gott: Zeitreisen in Einsteins Universum. Reinbek bei Hamburg 2002

Brian Greene: Der Stoff, aus dem der Kosmos ist. München 2004

Michael Großheim: Zeithorizont. Zwischen Gegenwartsversessenheit und langfristiger Orientierung. Freiburg 2012

Gerald Hartung (Hg.): Mensch und Zeit. Wiesbaden 2015

Daniel Haufler: Kommunikatives Beschweigen. taz 18. Juni 2006

Stephen W. Hawking: Eine kurze Geschichte der Zeit. Reinbek bei Hamburg 1988

Martin Heidegger: Sein und Zeit (1927). Tübingen 1963

Martin Heidegger: Gesamtausgabe. Frankfurt am Main 1975 ff.

Heinrich Heine: Sämtliche Schriften. München 1968–76 (Hanser Klassiker)
Bruno Hillebrand: Ästhetik des Augenblicks. Göttingen 1999
Hugo von Hofmannsthal: Gesammelte Werke in Einzelausgaben. Stockholm/Frankfurt am Main 1945–59
Homer: Odyssee (Übersetzung Johann Heinrich Voß) 1781
Gottfried Honnefelder (Hg.): Was also ist die Zeit? Frankfurt am Main 1989
Ödön von Horváth: Zur schönen Aussicht (1926). Gesammelte Werke Band 3. Frankfurt am Main 1978
Edmund Husserl: Zur Phänomenologie des inneren Zeitbewußtseins (1893 ff.; 1928). Hamburg 2013
Henrik Ibsen: Die Wildente (1884). Sämtliche Werke, Vierter Band. Berlin 1907.
William James: The Perception of Time (1886). In: Zimmerli et al.: Klassiker der modernen Zeitphilosophie. Darmstadt 1993
Karl Jaspers: Philosophie II, Existenzerhellung (1932). Heidelberg 1973
François Jullien: Über die »Zeit«. Elemente einer Philosophie des Lebens. Zürich 2004/2009
Wolfgang Kaempfer: Die Zeit und die Uhren. Frankfurt am Main und Leipzig 1991
Wolfgang Kaempfer: Zeit des Menschen. Frankfurt am Main und Leipzig 1994
Bernulf Kanitscheider: Kosmologie. Stuttgart 1984, 1991
Bernulf Kanitscheider: Vom Anfang und Ende der Zeit. In: Am Fluß des Heraklit. Neue kosmologische Perspektiven. Frankfurt am Main 1993
Bernulf Kanitscheider: Auf der Suche nach dem Sinn. Frankfurt am Main und Leipzig 1995
Immanuel Kant: Werke. Frankfurt am Main 1968
Søren Kierkegaard: Entweder – Oder (1843). München 1975

Stefan Klein: Zeit. Der Stoff, aus dem das Leben ist. Frankfurt am Main 2006

Albrecht Koschorke: Wahrheit und Erfindung. Grundzüge einer Allgemeinen Erzähltheorie. Frankfurt am Main 2012

Reinhart Koselleck: Vergangene Zukunft. Zur Semantik geschichtlicher Zeiten. Frankfurt am Main 1979

Reinhart Koselleck: Zeitgeschehen. Frankfurt am Main 2000

Achim Landwehr: Geburt der Gegenwart. Eine Geschichte der Zeit im 17. Jahrhundert. Frankfurt am Main 2014

Claus Leggewie: Von Schneider zu Schwerte. Das ungewöhnliche Leben eines Mannes, der aus der Geschichte lernen wollte. München 1998

Gottfried Wilhelm Leibniz: Nouveaux Essais sur L'entendement humain (Neue Abhandlungen über den menschlichen Verstand). 1704

Leibniz. Ausgewählt und vorgestellt von Thomas Leinkauf. München 1996

Gotthold Ephraim Lessing: Werke. München 1970–79 (Hanser Klassiker)

Helmut Lethen: Der Schatten des Fotografen. Bilder und ihre Wirklichkeit. Berlin 2014

Sibylle Lewitscharoff: Von der Machbarkeit. Die wissenschaftliche Bestimmung über Geburt und Tod. Dresdner Rede, 2. März 2014

Hermann Lübbe: Zivilisationsdynamik. Über die Aufdringlichkeit der Zeit im Forstschritt. In: Sandbothe et al.: Zeit – Medien – Wahrnehmung. Darmstadt 1994

Hermann Lübbe: Modernisierungsgewinner. München 2004

Niklas Luhmann: Die Gesellschaft der Gesellschaft. Frankfurt am Main 1997

Klaus Mainzer: Zeit. Von der Urzeit zur Computerzeit. München 1995

Thomas Mann: Der Zauberberg (1924). Frankfurt am Main 1974
Odo Marquard: Kleine Anthropologie der Zeit. In: O. M.: Individuum und Gewaltenteilung. Stuttgart 2004
Karl Marx / Friedrich Engels: Werke (MEW). Berlin (DDR) 1956–90
John McTaggert Ellis McTaggert (sic): Die Irrealität der Zeit. In: Zimmerli et al.: Klassiker der modernen Zeitphilosophie. Darmstadt 1993
Maurice Merleau-Ponty: Phänomenologie der Wahrnehmung. Berlin 1966
Burkhard Müller: Über die Zeit. In: B. M.: Die Tränen des Xerxes. Springe 2006
Friedrich Nietzsche: Kritische Studienausgabe. München 1980
Novalis: Werke, Tagebücher und Briefe Friedrich von Hardenbergs. München 1978–87 (Hanser Klassiker)
Helga Nowotny: Eigenzeit. Entstehung und Strukturierung eines Zeitgefühls. Frankfurt am Main 1989
Thomas de Padova: Leibniz, Newton und die Erfindung der Zeit. München 2013
Blaise Pascal: Über die Religion (Pensées). Berlin 1937
Lothar Pikulik: Romantik als Ungenügen an der Normalität. Am Beispiel Tiecks, Hoffmanns, Eichendorffs. Frankfurt am Main 1979
Platon: Phaidon. Sämtliche Werke. Hamburg 1957–59
Platon: Timaios. Sämtliche Werke. Frankfurt am Main und Leipzig 1991
Plotin: Über Ewigkeit und Zeit. Hg. Werner Beierwaltes. Frankfurt am Main 1995
Ernst Pöppel: Grenzen des Bewusstseins. Über Wirklichkeit und Welterfahrung. München 1987
Marcel Proust: Auf der Suche nach der verlorenen Zeit. Frankfurt am Main 1988–2007

Fritz Reheis: Die Kreativität der Langsamkeit. Darmstadt 1998

Otfried Reinke (Hg.): Ewigkeit? Klärungsversuche aus Natur- und Geisteswissenschaften. Göttingen 2004

Wilhelm Josef Revers: Die Psychologie der Langeweile. Meisenheim am Glan 1949

Rainer Maria Rilke: Sämtliche Werke. Frankfurt am Main 1955

Joachim Ritter und Karlfried Gründer (Hgg.): Historisches Wörterbuch der Philosophie. Basel 1971–2007

Hartmut Rosa: Beschleunigung. Die Veränderung der Zeitstrukturen in der Moderne. Frankfurt am Main 2005

Hartmut Rosa: Weltbeziehungen im Zeitalter der Beschleunigung. Berlin 2012

Hartmut Rosa: Beschleunigung und Entfremdung. Berlin 2013

Jean-Jacques Rousseau: Emil oder Über die Erziehung. In deutscher Fassung besorgt von Ludwig Schmidts. Paderborn 1975

Rüdiger Safranski: Schopenhauer und Die wilden Jahre der Philosophie. München 1987

Rüdiger Safranski: Ein Meister aus Deutschland. Heidegger und seine Zeit. München 1994

Rüdiger Safranski: Nietzsche. Biographie seines Denkens. München 2000

Mike Sandbothe und Walter Ch. Zimmerli (Hgg.): Zeit – Medien – Wahrnehmung. Darmstadt 1994

Mike Sandbothe: Die Verzeitlichung der Zeit. Darmstadt 1998

Jean-Paul Sartre: Das Sein und das Nichts (1943). Reinbek 1993

Max Scheler: Schriften aus dem Nachlass. Bonn 1987

Wolfgang Schivelbusch: Geschichte der Eisenbahnreise. Zur Industrialisierung von Raum und Zeit im 19. Jahrhundert. München 1977

Friedrich Schlegel: Athenäumsfragmente. Kritische Schriften. München 1970

Arthur Schopenhauer: Die Welt als Wille und Vorstellung. Werke Band 1, hg. Werner Brede. München 1977

Arthur Schopenhauer: Werke, hg. Wolfgang Frhr. von Löhneysen. Frankfurt am Main 1986

Gerhard Schulze: Die Erlebnisgesellschaft. Kultursoziologie der Gegenwart. Frankfurt am Main/New York 1995

William Shakespeare: Werke. Leipzig 1927

Georg Simmel: Das Individuum und die Freiheit. Berlin 1984

Lee Smolin: Im Universum der Zeit. München 2014

Manfred Sommer: Lebenswelt und Zeitbewußtsein. Frankfurt am Main 1990

Sophokles: König Oidipus. Tragödien. München 1985

Emil Staiger: Die Zeit als Einbildungskraft des Dichters. Zürich 1953

Michael Theunissen: Negative Theologie der Zeit. Frankfurt am Main 1991

Michael Theunissen: Pindar. Menschenlos und Wende der Zeit. München 2000

Ludwig Tieck: William Lovell. Frühe Erzählungen und Romane. München 1963

Paul Tillich: Systematische Theologie III (1955–66). Berlin 1966

Ernst Tugendhat: Egozentrizität und Mystik. Eine anthropologische Studie. München 2003

Paul Virilio: Rasender Stillstand. Bewegung, Geschwindigkeit, Beschleunigung. München 1989

Wilhelm Heinrich Wackenroder: Ein wunderbares morgenländisches Märchen von einem nackten Heiligen. Werke. München 1984

Harald Weinrich: Knappe Zeit. Kunst und Ökonomie des befristeten Lebens. München 2004

Kurt Weis (Hg.): Was treibt die Zeit? Entwicklung und Herrschaft der Zeit in Wissenschaft, Technik und Religion. München 1998

Franz Josef Wetz: Lebenswelt und Weltall. Hermeneutik der unabweislichen Fragen. Stuttgart 1994

G. J. Whitrow: Die Erfindung der Zeit. Hamburg 1991

Ludwig Wittgenstein: Tractatus logico-philosophicus. Frankfurt am Main 1963

Walter Ch. Zimmerli und Mike Sandbothe (Hgg.): Klassiker der modernen Zeitphilosophie. Darmstadt 1993

Bernd Alois Zimmermann: Intervall und Zeit. Mainz 1974

# 引 文

（引文页码为本书页边码）

## 前 言

11 时间，这是个特别的东西。倘若就这么胡乱活着，它纯粹什么都不是。但猛然间人们发觉，除了时间，别无其他：它围绕我们而在，而且还在我们心中。*Die Zeit, die ist ein sonderbar Ding...*: Hugo von Hofmannsthal: Der Rosenkavalier（1911）, 1. Akt

11 时间究竟是什么？没人问我，我倒清楚，有人问我，我想说明，便茫然不解。*Was also ist die Zeit ...*: Augustinus: Bekenntnisse（397-401 n. Chr.）, S. 312

## 第一章

20 倘若我们基于某个时段中内容的相对空洞，注意到时间自身的流逝。*wenn wir ... aufmerksam werden*: William James: The Perception of Time（1886）. Zit. Zimmerli et al.: Klassiker der modernen Zeitphilosophie, S. 50

20f. 外部事物之有规律的重返……可爱的建议……惬意……据说有个英国人,他自己上吊自杀,为的是不再每天脱衣和穿衣。*regelmäßige Wiederkehr ... aus- und anzuziehn:* Johann Wolfgang Goethe: Dichtung und Wahrheit, Dritter Teil, 13. Buch（1811-14）. Münchner Ausgabe Band 16, S. 611f.

21 倘若一天如同其他所有的日子,所有人就如同一个人;在全然的单调中,最长的生命被经历为完全短暂。*Wenn ein Tag wie alle ist:* Thomas Mann: Der Zauberberg（1924）, S. 148

22 清晨三点。我觉察到这一秒,然后是那一秒,我给每分钟作结算。一切为何?——因为我被出生。从特殊类型的不眠之夜中产生出对诞生的提问。*Drei Uhr morgens:* E. M. Cioran: Vom Nachteil, geboren zu sein（1973）,S. 5

23 由于维度的时间制的瓦解被移交给线性的时间制。*des zeitbezogenen Zwangsdenkens ... dass die Zeit vergehi:* Michael Theunissen: Negative Theologie der Zeit, S. 218

23 当我听见一只鸟鸣叫时,我不得不想:"这持续了一秒钟。"水滴声让人无法忍受并让我变得疯狂,因为我总是不得不想:现在又过了一秒钟,现在又是一秒钟。*Wenn ich einen Vogel piepsen höre ... Zerfall der dimensionalen Zeitordnung:* Gebsattel, zit. Theunissen a.

a. O., S. 227

26 我们在此干吗，这得问问……*Was tun wir hier ...* Samuel Beckett: Warten auf Godot（1952），S.96f.

27 诸神感到无聊，所以他们创造了人类。*Die Götter langweilten sich:* Søren Kierkegaard: Entweder-Oder（1843），S. 332

28 无法平静地留在自己的房间。*Zerstreuung ... in ihrem Zimmerzu bleiben:* Blaise Pascal: Über die Religion（Pensées），Fragment 139, S. 76

29 被空间那无限的广阔吞噬……我感到震颤。*Verschlungen ...:* Pascal a.a.O., Fragment 205, S. 113

29 将人类推到虚无跟前……一种对变得消极的上帝关系的表达。*die den Menschen ... Gottesverhältnisses:* Søren Kierkegaard. Zit. Ritter et al.: Historisches Wörterbuch der Philosophie Band 5, S. 30

30 整个民族自身，即便通过最卓绝的外在行业的勤勉，真的不会受到这个一切罪恶之本真的多产母亲那内在的无聊单调的侵袭？*Könnte nicht wirklich ... befallen werden:* Joseph von Eichendorff. Zit. Pikulik: Romantik als Ungenügen an der Normalität, S. 225

30 无聊肯定是地狱的折磨……*Langeweile ist gewiss ...:* Ludwig Tieck: William Lovell, S.390

31 你从未在自己的生命中有一次感觉到实实在在的无聊？……*Hast Du nie...:* Ludwig Tieck: Abendgespräche.

Zit. Pikulika. a.O., S. 227

33 富人的伟大的惩罚……消遣……娱乐……无聊至死。*große Geißel ... zu Tode langweilen*: Jean-Jacques Rousseau: Emil oder Über die Erziehung, S. 379

34 无经历的失望……思考在经历产生方面自身的参与。*Enttäuschung des Nichterlebens ... zu bedenken*: Gerhard Schulze: Die Erlebnisgesellschaft, S. 115f.

36 我们的情况最终如此，即在此在的深渊里一种深深的无聊犹如一片沉默的迷雾飘来飘去？*Ist es am Ende ... hin- und herzieht?*: Heidegger: Die Grundbegriffe der Metaphysik. Welt-Endlichkeit-Einsamkeit（1929/30）. Gesamtausgabe Band 29/30, S. 119

38 空洞的镇定……向整体上不中用的存在者的引渡……通过解释无聊的本质向着时间的本质 *Leergelassenheit ... zum Wesen der Zeit vordringen*: Heidegger a. a. O., S.200 f.

39 但这个施魔者作为自己，时间……让我们知道和真正促成的，……不是别的什么，而是作为它的此在的自由……但此在的自我解放只有这样才能发生，倘若它本身对自己作决定。*Was aber das Bannende ... zu sich selbst entschließt*: Heidegger a. a. O., S.223

第二章

42 我的生命是诞生前的犹豫。*mein Leben ist das*

*Zögern vor der Geburt:* Franz Kafka an Milena, 24. Januar 1922

44 这里另有一个故事，是一件真实发生过的事，几年前才被发现。*eine Geschichte, ... die sich wirklich zugetragen hat:* Claus Leggewie: Von Schneider zu Schwerte

45 自己已去纳粹化了 *selbst entnazifiziert:* Daniel Haufler: Kommunikatives Beschweigen

47 我是一个他者 *Ich ist ein anderer:* Arthur Rimbaud an Georges Izambard, 13. Mai 1871

49 只有借助将以往用于生命、从事件中重新创造历史的力量，人才会成为人……*Erst dutch die Kraft...:* Friedrich Nietzsche: Unzeitgemäße Betrachtungen II. Kritische Studienausgabe Band 1, S.253

49 一些多余的回忆成功，自己作为奢侈品偷偷地穿过虚掩的门……*gelingt es ein paar überschüssigen Erinnerungen...:* Henri Bergson: Philosophie der Dauer, S. 59 f.

49f. 博尔赫斯……他不会遗忘 *Borges ... der nichts vergessen kann:* Jorge Luis Borges: Das unerbittliche Gedächtnis, S. 93 ff.

51 期待视野……体验空间。*Erwartungshorizont ... Erfahrungsraum:* Reinhart Koselleck: ergangene Zukunft, S. 349ff.

52 倘若有这样一种人类精神……*Gäbe es einen*

*Menschengeist...*: Augustinus: Bekenntnisse, S.330

56 繁殖的瞎忙 *Fortpflanzungsgemurkse*: Sibylle Lewitscharoff: Von der Machbarkeit, S. 12

59 未经其同意就置于世上，并且专横地把他带入世界……*ohne ihre Einwilligung auf die Weltgesetzt...*: Immanuel Kant: Die Metaphysik der Sitten (1785/97). Werke Band VIII, S. 394 und Band XII, S. 682

61 不断地中断和在毁灭前拯救世界进程和人类事务发展的奇迹……行动着实现这种新开端。*Das Wunder ... kraft ihres Geborenseins*: Hannah Arendt: Vita activa, S. 243

第三章

64 延伸的自我延伸 *das erstreckte Sicherstrecken*: Martin Heidegger: Sein und Zeit (1927), S. 375

65 但因为"操心"首先塑造了这个生灵，只要它活着，"操心"就可以占有它。*Weil aber die »Sorge« ... es besitzen*: Heidegger a. a. O., S. 198

65f. 灰女人……谁一旦落入我手/全世界对他也毫无作用，/……/他会永远停不下来。*grauen Weiber ... Wen ich einmal mir besitze ... niemals fertig*: Johann Wolfgang Goethe, Faust II, Verse 11384, 11453 f., 11462-66. Münchner Ausgabe Band 18.1, S. 328, 330

68 自我思考，这定能伴随我全部的想象 *Das Ich*

denke muss alle meine Vorstellungen begleiten können: Immanuel Kant: Kritik der reinen Vemunft（1781）. Werke Band Ⅲ, S. 136

69 拥有对象，这包含，不必是它们。*Gegenstände zu haben, schließt ein, sie nicht sein zu müssen:* Hans Blumenberg: Beschreibung des Menschen, S. 146

71 自身领先存在……向死的先行 *Sich Vorwegsein ... Vorlaufen zum Tod:* Martin Heidegger: Sein und Zeit, S. 262

71 死敌 *Todfeind:* Elias Canetti: Die Befristeten（1964）

73 我其实是完全不同的，但我很少谈到这点。*Ich bin nämlich eigentlich ganz anders, aber ich komme nur so selten dazu:* Ödön von Horváth: Zur schönen Aussicht（1926）, S.67

74 "最幸福的民族" *Das glücklichste Volk:* Daniel Everett: Das glücklichste Volk

76《风险社会》 *Risikogesellschaft:* Ulrich Beck: Risikogesellschaft

78 由商品生产带来的风险的后果…… *Wie können...:* François Ewald: Der Vorsorgestaat, S. 537

80 以变化的形象，发挥我可怕的力量。*In verwandelter Gestalt/Üb' ich grimmige Gewalt:* Goethe a. a. O., Verse 11426f. S. 329

84 穿透锁眼……如今空气中充满这类妖魔/……

*durchs Schlüsselloch ... Nun ist die Luft...:* Goethe a.a.O., Verse 11391, 11410ff.S. 328f.

第四章

87 因为这正是时间：鉴于之前和之后的变化的数量。 *Denn eben das ist die Zeit: die Zahl der Veränderung hinsichtlich des Davor und Danach:* Aristoteles, Physik IV, 11,219b. Zit. Ritter et al.: Historisches Wörterbuch der Philosophie Band 12, S. 1199

89 较之于钟表，哲学家们更能取得一致 *eher werden noch die Philosophen übereinstimmen als die Uhren:* Seneca. Zit. Whitrow: Die Erfindung der Zeit, S. 109

92 对诺贝特·埃利亚斯来说是一种出色的例子 *für Nobert Elias ein hervorragendes Beispiel:* Norbert Elias: Über die Zeit.

96f. 值得惊叹的和童话般的过程……无形人的徒劳无益，他们不停地将声音的票箱清空、充满和互相传递……这个值得惊叹的、童话般的过程未足够快捷地起效 *bewunderungswürdige, märchenhafte Vorgang ... füllen und einander übergeben ... Angst ... nicht raschgenugfunktioniert:* Marcel Proust: Aufder Suche nach der verlorenen Zeit 3, S. 182, 183,187

99 一种遥远的一次性的显像，不管它如何的近。 *die einmalige Erscheinung einer Ferne, so nah sie sein mag:*

Walter Benjamin: Das Kunstwerk im Zeitalter seiner technischenReproduzierbarkeit ( 1936 ) , S. 18

99 人被诞生在一个狭小的环境里……这总是他的不幸。*Der Mensch ist zu einer beschränkten Lagegeboren ... sich durch eine regelmäßige Selbsttätigkeit nicht verbinden kann*: JohannWolfgang Goethe: Wilhelm Meisters Lehrjahre, Sechstes Buch, Bekenntnisse einer schönen Seele. Münchner Ausgabe Band 5, S. 408

103 阿尔特多费尔……亚历山大之战 *Altdorfers ... Alexanderschlacht:* Reinhart Koselleck: Vergangene Zukunft, S. 17 ff.

### 第五章

109 人们大多看到 / 生命的期限 / 但面对完全的日常期限 / 却看不到它。*Meist sieht man / des Lebens Frist / vor lauter Alltags-/fristen nicht:* zit. Weinrich: Knappe Zeit, S. 189

109 犹如夜里的一个小偷。*wie ein Dieb in der Nacht:* Paulus: 1. Thessalonicher 5,2

110 为了"确定"自己被召集到……无限短暂和珍贵。由于社交,"懒散闲聊"的奢侈而造成的时间损失,甚至由于超出健康所必需的睡眠,道德上完全是卑鄙无耻的。*unendlich kurz und kostbar ... ist sittlich absolut verwerflich:* zit. Rosa: Beschleunigung, S. 93

110 尼克拉斯·卢曼曾经指出这种特性 Niklas Luhmann hat auf die Merkwürdigkeit hingewiesen...: vgl. Niklas Luhmann: Die Gesellschaft der Gesellschaft. Vgl. Band I, S. 224 ff.

111 被禁止，而且道德上被禁止 verboten und zwar moralisch verboten:Niklas Luhmann. Zit. Rosa a. a.O., S.282

113f. 生产的不断变革……有这样的生产力潜伏在社会劳动里呢? Die fortwährende Umwälzung ... dass solche Produktionskräfte im Schoße der gesellschaftlichen Arbeit schlummerten: Karl Marx / Friedrich Engels: Werke(MEW)Band 4, S. 467, 465

120 分摊给全人类的东西，/ 我要在我内在的自身中享受。Und was der ganzen Menschheit zugeteilt ist, / Will ich in meinem innern Selbst genießen: Johann Wolfgang Goethe, Faust I,Verse 1770f. Münchner Ausgabe Band 6.1, S. 583

121 人类行动的环境折毁，成为反作用于当下的时间折毁。Die Umweltschleifen ... die auf die Gegenwart zurückwirken: Helga Nowotny: Eigenzeit, S. 52

121 灵魂的比较无意识的层面……不间断地去习惯的安静的平衡。Steigerung des Nervenlebens ... ruhigen Gleichmaß ununterbrochener Gewöhnungen:Georg Simmel: Das Individuum und die Freiheit, S. 192f.

122 每个时间单位的行动／或者经历插曲　Steigerung der Handlungs-und/oder Erlebnisepisoden pro Zeiteinheit: Hartmut Rosa: Beschleunigung, S. 198

122 疾驰的静止　rasender Stillstand: Paul Virilio: Rasender Stillstand

123 开始了世界史中一个新阶段，而我们这一代人可以为此感到自豪，他们在场。beginnt ein neuer Abschnitt in der Weltgeschichte ...: Heinrich Heine: Lutetia, Zweiter Teil, LVII. Sämtliche Schriften Band 5, S. 449

124 的确犹如一个古代大师风格中的艺术家，仅仅向您展现一片风景的本质……将被迫的无所事事和一次长途旅行的无聊，转变为有利于一切人的娱乐和教育。zeigt Ihnen lediglich ... zugunsten der Unterhaltung und Belehrung aller umzuwenden: Wolfgang Schivelbusch: Geschichte derEisenbahnreise, S. 59f., 62, 63

128 霉菌涂层　Schimmelüberzug: Arthur Schopenhauer: Die Welt als Wille und Vorstellung II. Werke Band II, S. 11

128f. 时间进行着它那飞速的旋转……一旦他们过于接近这个疯狂中的他。das Rad der Zeit ... in der Raserei zu nahe kamen: Wilhelm Heinrich Wackenroder: Ein wunderbares morgenländisches Märchen von einem nackten Heiligen. Werke, S.304f.

## 第六章

131 在那散布着无数闪闪发光的太阳系的茫茫宇宙的某个偏僻角落……聪明的动物只好死去。*In irgend einem ahgelegenen Winkel ... die klugen Tiere mussten sterben:* Friedrich Nietzsche: Über Wahrheit und Lüge im außermoralischen Sinne, Kritische Studienausgabe Band 1, S.875

135 时间究竟是什么？……*Was also ist die Zeit? ...:* Augustinus: Bekenntnisse, S. 312

137 不是刀刃，而是一种鞍背……*ist keine Messerschneide, sondern ein Sattelrücken ...:* William James: The Perception of Time (1886). Zit. Zimmerli et al.: Klassiker der moderen Zeitphilosophie, S. 35

137 每次从意识被聚集到当下的那个时段，持续3秒。*Drei Sekunden dauert jene Zeitspanne ...:* Ernst Pöppel: Grenzen des Bewusstseins, S. 13 ff.

141 我的尘世生涯的痕迹就能／永世永劫不会消逝 *Es kann die Spur von meinen Erdetagen / Nicht in Äonen untergehn:* Johann Wolfgang Goethe, Faust II, Verse 11583 f. Münchner Ausgabe Band 18.1, S.335

142 自然以何种强度否定我们……思考它的虚假意义。*mit welcher Intensität die Natur ... bedachten:* Albert Camus: Der Mythos von Sisyphos, S. 17

145 革命的愿望，实现上帝的王国……*Der revolutionäre*

Wunsch, das Reich Gottes zu realisieren...: Friedrich Schlegel: Athenäumsfragmente. Kritische Schriften

146 批判掰碎了链条上那些虚幻的花朵，但不是要人戴上这些无想象力的、无望的链条，而是要人扔掉链条，摘取鲜活的花朵。Die Kritik ... damit er die Kette ahwerfe und die lebendige Blume breche: Karl Marx / Friedrich Engels: Werke ( MEW ) Band I, S. 379

147 我们不愿怀疑我们自己的信仰……Wollen unr uns nicht irre machen lassen ...: Zit. Safranski: Ein Meister aus Deutschland, S. 53

150 上千万年的堆积，来让带着没有数量和终结的世界之无限空间的整个无涯之辽阔焕发生机。ganze Gebürge von MillionenJahrhunderten ... ohne Zahl und Ende zu beleben: Immanuel Kant: Allgemeine Naturgeschichte. Werke Band I, S. 335

151 请你按照永恒的规律行动，/ 通过千姿百态的变形，/ 你有时间变人。Da regst du dich nach ewigen Normen, /Durch tausend abertausend Formen, / Und bis zum Menschen hast du Zeit: Johann Wolfgang Goethe, Faust II, Verse 8324-26. Münchner Ausgabe Band 18.1, S. 227

152 理性的动物　vernünftiges Tier: Immanuel Kant: Anthropologie in pragmatischer Hinsicht. Werke Band XII, S. 676

## 第七章

154ff. 今天一切被视为物理学的和现实的世界模型都拥有……时间的一个绝对零点 *Alle heute als physikalisch realistisch angesehenen Weltmodelle besitzen ... einen absoluten Nullpunkt der Zeit ... sie kommt nie wieder:* Bernulf Kanitscheider: Vom Anfang und Ende der Zeit. In: Am Fluß des Heraklit, S. 131ff.

160 我们向四周打量我们的小木筏……而后者面对其希望和恐惧依旧保持为漠然。*Wir blicken rings um unser kleines Floß ... gegen ihre Hoffnungen und Ängste:* Bertrand Russell. Zit. Wetz: Lebenswelt und Weltall, S. 467

160 对我们这些虔诚的物理学家来说,在以往、当下和将来之间的划分,只有一种即使是执拗的幻想的意义。*Für uns gläubige Physiker hat die Scheidung zwischen Vergangenheit, Gegenwart und Zukunft nur die Bedeutung einer wenn auch hartnäckigen Illusion:* Albert Einstein. Zit. Klein: Zeit. Der Stoff, aus dem das Leben ist, S. 266

161 莱布尼茨 *Leibniz:* Gottfried Wilhelm Leibniz: Nouveaux Essais sur L'entendement humain(Neue Abhandlungen über den menschlichen Verstand). 1704

166 那些在事物的秩序那里证明自己是有用的概念…… *Begriffe, welche sich bei der Ordnung der Dinge als nützlich*

*erwiesen haben ...:* Albert Einstein. Zit. de Padova: Leibniz, Newton und die Erfindung der Zeit, S. 294

173 关于自然规律性之和谐的令人迷醉的惊讶。*verzücktes Staunen über die Harmonie der Naturgesetzlichkeit ...:* Albert Einstein: Mein Weltbild. Klassiker des modernen Denkens, S. 20

173f. 两样东西用不断变新和不断增长的景仰和敬畏充满心灵……在我头顶上的星空，和我心中的道德法则……
*Zwei Dinge erfüllen das Gemüt mit immer neuer und zunehmender Bewunderung und Ehrfurcht...:* Immanuel Kant: Kritik der praktischen Vernunft. Werke Band Ⅶ, S. 300

### 第八章

180 倘若事情的发生不是自己决定的，在这样的时空中没发生任何事。*in denen nichts geschähe, wenn es nicht selbstbestimmt geschähe:* Hermann Lübbe: Zivilisationsdynamik, S. 34

182 彼得·格罗茨……预测 *Peter Glotz hat ... prognostiziert:* Peter Glotz: Die beschleunigte Gesellschaft

188 这是个没人能完全想象的事物……*Dies ist ein Ding...:* Hugo von Hofmannsthal: Terzinen. Über Vergänglichkeit, Gesammelte Werke, Gedichte und Lyrische Dramen, S. 17

188 九月在蓝月亮中……瞬间飘来一朵云 *blauen Mond September ... schwand sie schon im Wind:* Bertolt Brecht: Erinnerung an die Marie A. Werke Band II, S. 92f.

189 树叶掉落，犹如从远处飘下，/……/ 它们带着否定的姿态掉下。*Die Blätter fallen, fallen...:* Rainer Maria Rilke: Herbst. Sämtliche Werke Band I, S. 400

191 在己存在 *An-sich-Sein:* Jean-Paul Sartre: Das Sein und das Nichts ( 1943 ) , S.269ff.

192 不真诚 *Unaufrichtigkeit:* Sartre a. a. O., 119

193 脱离我曾经是的……*von dem, was ich gewesen bin...:* Sartre a. a. O., 256

194 自己缺席……*mir selhst ausbleibe:* Karl Jaspers: Philosophie II, Existenzerhellung ( 1932 ) , S.42 ff.

195 一个如此奇特的发现传遍它所引起的惊讶。*Eine so merkwürdige Entdeckung spricht durch das Erstaunen, das sie erregt:* Alexander von Humboldt, 12. Februar 1850 an Hermann von Helmholtz. Zit. Sommer: Lebenswelt und Zeitbewußtsein, S. 153

196 曼弗雷德·佐默尔……有过一些发现。*Manfred Sommer hat ... herausgefunden:* Manfred Sommer: Lebenswelt und Zeitbewußtsein

196 原始印象 *Urimpression:* Edmund Husserl: Zur Phänomenologie des inneren Zeitbewußtseins ( 1893 ff.; 1928 )

## 第九章

203 对相对的时间段的精确标记……*scharfe Bezeichnung der relativen Zeitstufe...*: Ernst Cassirer: Philosophie der symbolischen Formen, Band 1, 1994, S. 183

204《卡施的灭亡》 *Der Untergang von Kasch:* Roberto Calasso: Der Untergang von Kasch

205 国王阿卡夫听着……*Der König Akaf hörte ... der Grund des späteren Untergangs:* Leo Frobenius: Kulturgeschichte Afrikas ( 1933 ), S.265, 266, 264

207 时空体概念 *Chronotopoi:* Michail.M.Bachtin: Chronotopoi ( 1975 )

208 我接近生命的顶点,/此刻一座昏暗森林将我围住,而我/不知所措,再也找不到正路……*Dem Höhepunkt des Lebens war ich nahe, /da mich ein dunkler Wald umfing und ich, / verirrt, den rechten Weg nicht wieder fand ...:* Dante Alighieri: Die Göttliche Komödie, S. 25 ( Erster Gesang, Verse 1-3 )

209 我们究竟去哪里? *Wo gehn wir denn hin?:* Novalis: Heinrich von Ofterdingen. Zweiter Teil. Werke Band I, S.373

209 谁品尝了莲子的甜蜜果实……*Wer nun die Honigsüße der Lotosfrüchte gekostet...:* Homer: Odyssee, IX. Gesang, Verse 94 ff.

211f. 在……的一个11月的周日……小心翼翼地期盼某个要走下主街的人。*An einem Novembertag ... ängstlich nach jemandem ausschauen, der die Hauptstraße herabkommen soll:* Alain-Fournier: Der große Kamerad (Le Grand Meaulnes, 1913), S. 7f.

212 俄狄浦斯戏剧　*Ödipus-Drama:* Sophokles: König Oidipus

214《野鸭》　*Wildente:* Henrik Ibsen: Die Wildente (1884)

214f. 可怜的匆忙　*schnöde Hast:* WilliamShakespeare: Hamlet. Übersetzung August Wilhelm Schlegel, 1/2 (S. 106); 时间乱了套：诅咒和悲痛, *Die Zeit ist aus den Fugen: Fluch und Gram ...:* Hamlet I/5 (S. 123); 因为我尽管已经不再突然和激烈 *Denn ob ich schon nicht jäh und heftig bin ...:* Hamlet V/I (S. 211)

215f. 叙事文学作家将事情作为完全过去地来陈述，而戏剧作家将事情当作完全当下地来表现。*dass der Epiker die Begehenheit als vollkommen vergangen vorträgt, und der Dramatiker sie als vollkommen gegenwärtig darstellt:* JohannWolfgang Goethe: Über epische und dramatische Dichtung. Münchner Ausgabe Band 4.2, S. 126

216 戏剧的情节在我面前活动，围绕着叙事的情节我活动自身。*Die dramatische Handlung bewegt sich vor mir, um die epische bewege ich mich selbst.* Schiller an

Goethe, 26. Dezember 1797. Goethe: Münchner Ausgabe Band, 8.1, S. 473

218 富有成效的是，让想象力自由发挥。 fruchtbar ... was der Einbildungskraft freies Spiel lässt: Gotthold Ephraim Lessing: Laokoon. Werke Band VI, S. 25f.

218 按我们的理解，一切现象的本质是这样……感到恶心或是毛骨悚然。Alle Erscheinungen ... ekelt odergrauet: Lessing a. a. O., S. 26

220 探雷诱饵 Minenprobe: Helmut Lethen: Der Schatten des Fotografen, S.236

220 所历瞬间的黑暗 Dunkel des gelebten Augenblicks: Ernst Bloch: Das Prinzip Hoffnung. Werke Band V, S. 338; für das Bild vgl. Ernst Bloch: Verfremdungen I, S. 10ff.

222 我现在尝试从我的记忆中取出其他抓拍…… Ich versuchte jetzt aus meinem Gedächtnis andere Momentaufnahmen hervorzuholen ...: Marcel Proust: Auf der Suche nach der verlorenen Zeit 7, S. 256

222 永恒之人 ewigen Menschen: Proust 7, S. 334

222f. 人们曾在所有的……入口处敲击…… Man hat an alle Pfortengeklopft ...: Proust 7, S. 257

224 单个意志……世界意志……世界最内在的本质 Einzelwille ... Weltwille ... innerste Wesen der Welt: vgl.Arthur Schopenhauer: Die Welt als Wille und

Vorstellung I, S.365ff.

225 音乐在人和时间之间设置的秩序……*Die Ordnung, die Musik zwischen dem Menschen und der Zeit setzt …*: Bernd Alois Zimmermann: Intervall und Zeit, S. 14

## 第十章

226f. 最高等级生灵的自然，曾是一种永恒的自然…… *Nun war abet die Natur des höchsten Lebendigen eine ewige …*: Platon: Timaios. Sämtliche Werke Band VIII, S. 257

228 倘若人们将永恒不是理解为无限的时间持续…… *Wenn man unter Ewigkeit … Unzeitlichkeit versteht …*: Ludwig Wittgenstein: Tractatus logico-philosophicus, S. 113（6.4311）

228 以往的当下，当下者的当下，以及将来者的当下。 *Gegenwart des Vergangenen, Gegenwart des Gegenwärtigen und Gegenwart des Zukünftigen:* Angvistinus: Bekenntnisse, S. 318

229 摆脱了可鄙的意志冲动……*des schnöden Willensdranges entledigt …*: Arthur Schopenhauer: Die Welt als Wille und Vorstellung, Drittes Buch §38. Werke Band I, S.263

230 时间仅仅是语法上的幻影。*die Zeit nur ein Phantom der Grammatik:* John McTaggert: Die Irrealität der Zeit, S.67ff.

231f. 19世纪末叶，有谁对强大时代的诗人们所称的灵感提出过明确的概念呢？假如没有，我打算来作一番描述。……径直描绘这个事实情况。*Hat Jemand ... beschreibt einfach den Tatbestand:* Friedrich Nietzsche: Ecce homo. Also sprach Zarathustra 3. Kritische Studienausgabe Band 6, S. 339

233 对我来说一切瓦解为部分，部分又分成部分，不再有任何东西能被一个概念囊括……崇高的标志的图像。*Es zerfiel mir alles in Teile ... erhabenem Gepräge:* Hugo von Hofmannsthal: Ein Brief（1902）. Gesammelte Werke, Prosa II, S. 14, 12, 15

233f. 在一个迷人的瞬间……*Für einen bezauberten Augenblick ...:* Hugo von Hofinannsthal: Der Dichter und diese Zeit（1907）. Gesammelte Werke, Prosa II, S. 296

234 有魔力的瞬间 *magischen Augenblicken ...:* Hugo von Hofmannsthal: Ad me ipsum. Aufzeichnungen. Gesammelte Werke, Prosa II, S. 219

234 每部艺术作品，是一个瞬间 *Jedes Kunstwerk ist ein Augenblick:* Theodor W. Adomo: Ästhetische Theorie. Gesammelte Schriften Band 7, S, 17

236 人们将他抬往墓地……*Man trug ihn zu Grabe ...:* Marcel Proust: Auf der Suche nach der verlorenen Zeit 5, S. 264

236 永恒价值 *Ewigkeitswert ... gerade absurd:* Marcel

Proust: Auf der Suche nach der verlorenen Zeit 7, S. 510

237 自己的死亡也不可想象……*Der eigene Tod ist ja auch unvorstellbar ...:* Sigmund Freud: Zeitgemäßes über Krieg und Tod (1915). Freud-Studienausgabe Band IX, S. 49

238 灵魂从肉身那里的解放和分离……将灵魂为自己单独所有 *Befreiung und Absonderung der Seele von dem Leibe ... Seele für sich allein:* Platon: Phaidon, 12. Kapitel (67 d/e). Sämtliche Werke Band III, S.20

243 我们，这些生活着的和活下来的我们……*wir, die wir leben und überbleiben ...:* Paulus: I. Thessalonicher 4, 17

244 对于精神的维度来说……更多的无法再说。*Der Dimension des Geistes ... Mehr lässt sich nicht sagen:* Paul Tillich: Systematische Theologie III (1955-66), S. 467

245 自我中心论 *Egozentrizitat:* Ernst Tugendhat: Egozentrizität und Mystik

245 复活的神秘主义……*Die Auferstehungsmystik ...:* Max Scheler: Schriften aus dem Nachlass, S. 339

247 人之所以必须死去，因为他们没学会将终结与开端联系起来。*Die Menschen müssen deshalb sterben ...:* Hans-Georg Gadamer: Über leere und erfüllte Zeit (1969). Zit. Zimmerli et al.: Klassiker der modernen Zeitphilosophie, S. 288

## 图书在版编目(CIP)数据

时间:它对我们做什么和我们用它做什么/(德)吕迪格尔·萨弗兰斯基著;卫茂平译. -- 北京:社会科学文献出版社,2018.6(2021.12重印)

书名原文:Zeit: Was sie mit uns macht und was wir aus ihr machen

ISBN 978-7-5201-2520-8

Ⅰ.①时… Ⅱ.①吕… ②卫… Ⅲ.①生命哲学-研究 Ⅳ.①B083

中国版本图书馆CIP数据核字(2018)第059928号

## 时 间
——它对我们做什么和我们用它做什么

著　　者 /〔德〕吕迪格尔·萨弗兰斯基
译　　者 / 卫茂平

出 版 人 / 王利民
项目统筹 / 段其刚
责任编辑 / 陈旭泽　周方茹
责任印制 / 王京美

出　　版 / 社会科学文献出版社·联合出版中心(010)59367151
　　　　　 地址:北京市北三环中路甲29号院华龙大厦　邮编:100029
　　　　　 网址:www.ssap.com.cn
发　　行 / 市场营销中心(010)59367081　59367083
印　　装 / 三河市东方印刷有限公司
规　　格 / 开　本:889mm×1194mm　1/32
　　　　　 印　张:9　字　数:170千字
版　　次 / 2018年6月第1版　2021年12月第2次印刷
书　　号 / ISBN 978-7-5201-2520-8
著作权合同
登 记 号 / 图字01-2017-4481号
定　　价 / 49.80元

本书如有印装质量问题,请与读者服务中心(010-59367028)联系

▲ 版权所有 翻印必究